Olivier Raurich

La Voie du bouddhisme au fil des jours

Être, aimer, comprendre

Préface de Sogyal Rinpoché

Albin Michel

Ce livre est dédié à la découverte, au fil des jours,
des trésors reposant en chacun de nous,
dans l'ombre du cœur de tous les êtres :
la présence, la joie, l'amour, la compréhension.

Préface

J'enseigne depuis de nombreuses années dans le monde entier, et je suis très touché et parfois très surpris de constater par moi-même combien des gens de tous horizons qui suivent sincèrement la pratique et l'enseignement bouddhistes se sont transformés. J'ai ainsi acquis la conviction inébranlable que l'enseignement du Bouddha est à même d'apporter une contribution immense au monde contemporain, par sa compréhension et sa connaissance de l'esprit ainsi que par ses méthodes habiles et concrètes.

Dans notre monde de plus en plus complexe et globalisé, nos anciens concepts orientaux et occidentaux sont désormais obsolètes, tant il est vrai que nulle part nous ne sommes à l'abri de maux comme le stress, la solitude, l'anxiété, la frustration, le manque d'estime de soi et la dépression, qui connaissent un essor évident. Avec le temps il semble que nous devenions plus agités, moins capables d'attention et plus isolés les uns des autres. Il n'est pas étonnant que le monde entier connaisse une soif réelle de perspective spirituelle et d'outils qui permettraient d'affronter les incertitudes et les crises de la vie contemporaine. Nous désirons tous ardemment parvenir à la paix intérieure, au contentement et à une vie pleine de sens ; nous souhaitons réussir à comprendre notre esprit, nos pensées, nos humeurs et nos émotions. Après tout, la source ultime de tout notre bonheur comme de notre souffrance est notre propre esprit. Le temps n'est-il pas venu de nous réveiller et de l'examiner sérieusement ? Combien de temps encore pourrons-nous faire l'économie de cette recherche ?

De plus en plus de gens issus de cultures non bouddhistes ont adopté les enseignements du Bouddha. Ils y découvrent qu'il est possible de se libérer de la domination incessante des habitudes et des émotions, de surmonter l'inquiétude et le stress physique et mental, de cultiver la bienveillance et la compassion pour eux-mêmes comme pour les autres et, par-dessus tout, de regagner la maîtrise de leur vie et de leur destinée. Lorsque des gens de toutes cultures, de toutes origines ethniques et de toutes nationalités ouvrent leur esprit à ces enseignements et s'y consacrent avec application dans la durée, l'impact est profond et révolutionnaire : ils y trouvent paix de l'esprit, force intérieure, clarté, courage et sérénité.

C'est la raison pour laquelle je suis très heureux qu'Olivier Raurich ait écrit ce livre avec la motivation sincère d'être utile aux autres en partageant ses propres découvertes et son expérience personnelle. Olivier est mon étudiant et mon interprète en France depuis de nombreuses années, et à ce titre il est très proche de moi. Il est né et a grandi à Paris ; alors qu'il était frais émoulu de ses études scientifiques, il a rencontré ces enseignements et a trouvé le moyen d'utiliser les outils de la sagesse bouddhiste dans sa vie professionnelle et familiale quotidienne. Cet ouvrage n'est pas de la philosophie abstraite, mais un manuel de vie très concret et accessible.

Au fil de ces pages vous trouverez des réflexions avisées sur des principes clés du bouddhisme comme l'interdépendance, l'impermanence, la compassion, l'amour, la non-violence et la non-saisie, ainsi que des contemplations et des pratiques guidées, tout cela partagé dans un esprit de générosité et d'ouverture avec beaucoup d'humilité. Il y a aussi des histoires personnelles touchantes, car Olivier traite ouvertement de situations concrètes afin d'explorer comment nous pouvons surmonter les difficultés et trouver du sens au milieu des hauts et des bas de la vie, dans des domaines variés : l'amour et les relations, la gestion de la peur, les obstacles, la façon de trouver l'inspiration et d'apprendre comment être vraiment utile aux autres. En sondant profondément notre esprit et en transformant notre attitude, nous pouvons trouver les sources du bonheur déjà présentes en nous-mêmes, tout comme il les a lui-même découvertes. Par-dessus tout, Olivier dissipe les malentendus concernant la méditation et la compassion, et montre comment chacun d'entre nous peut commencer à établir une pratique quotidienne et l'intégrer dans sa vie.

Ce livre me donne un grand espoir pour l'avenir, car il montre comment les enseignements du Bouddha, apparus il y a deux mille cinq cents ans, peuvent être traduits et enseignés de façon à la fois parfaitement authentique et complètement en phase avec notre temps. Ils parlent aux individus de tous horizons, de toutes convictions philosophiques ou religieuses. J'espère donc que ce livre sera pour vous un nouvel ami fiable, capable de vous donner des conseils qui, lorsque vous les appliquerez, vous conviendront parfaitement. Je suis certain que quiconque les suivra pas à pas, avec patience, humour et enthousiasme, en retirera beaucoup de plaisir et un très grand bienfait.

Nous devons tous prendre la responsabilité de l'état de notre propre esprit. Notre avenir pourrait bien dépendre de notre capacité à construire une culture basée sur des valeurs comme l'altruisme, le pardon, la compassion, la conscience, le discernement et la sagesse – qui placent au premier plan l'esprit humain et dépassent les clivages culturels, temporels, géographiques et linguistiques. Chacun d'entre nous peut jouer un rôle dans cet avenir. En transformant notre esprit, nous pouvons changer notre monde.

Sogyal Rinpoché,
Lérab Ling (France), août 2013.

Introduction

1. Le bouddhisme : une sagesse pratique

Cela fait maintenant trente ans que j'ai rencontré le chemin bouddhiste et les grand maîtres tibétains, et que je suis l'interprète de l'un d'entre eux, Sogyal Rinpoché. Pendant toutes ces années, j'ai pu mettre cette sagesse à l'épreuve dans la trame du quotidien, dans des situations amoureuses, amicales et professionnelles, dans les changements, les remises en cause et les défis, petits ou grands, qui rythment la vie. Je sens qu'il est temps de partager ce chemin, car il m'a permis de transformer beaucoup d'errements, de frustrations et d'ignorance en une aventure humaine passionnante – il m'a littéralement donné la vie une seconde fois.

Ce livre n'est pas un traité de philosophie bouddhiste ni une instruction complète et détaillée des différentes pratiques, car en la matière de très bons documents existent déjà : au premier chef, *Le Livre tibétain de la vie et de la mort* de Sogyal Rinpoché, ouvrage de référence par excellence[1]. Dans ces pages je retrace ma découverte, ma compréhension et ma pratique personnelles du bouddhisme dans le contexte occidental actuel. Je parcours quelques-unes des principales « avenues » du bouddhisme à travers les expériences, les difficultés et les réalisations que j'ai vécues sur ce chemin. Je partage certaines paroles, certaines pratiques telles que je les ai comprises et utilisées dans les situations concrètes que nous vivons tous. J'ai tenté de toujours conserver une note d'inspiration, car même si la vie est parfois difficile, pleine d'aléas et de souffrances, je suis convaincu qu'il est possible de garder le regard tourné vers le haut... et, dans son cœur, la possibilité de grandir. C'est dans cette perspective que j'ai tenté d'instaurer un dialogue très personnel avec le lecteur, de cheminer avec lui.

Le bouddhisme étant un chemin qui passe par l'expérience personnelle et directe, l'ouvrage est jalonné de pratiques guidées et de thèmes de réflexion, afin que l'on puisse examiner par soi-même la validité des vérités simples et profondes que le Bouddha a enseignées il y a deux mille cinq cents ans, et qui, de façon très étonnante, sont incroyablement adaptées à notre monde actuel. Le bouddhisme n'est pas un système dogmatique de croyances ni un savoir pure-

---

1. On trouvera en fin d'ouvrage la référence de ce livre, ainsi que d'autres ressources.

ment théorique. Une carte géographique n'est pas faite pour être crue, apprise par cœur ou récitée, mais pour être utilisée afin de cheminer jusqu'à destination. Lui rendre un culte ne serait d'aucune utilité ! La voie du bouddhisme est un chemin qu'il faut vérifier, pratiquer, mettre à l'épreuve, un fruit nourrissant dont on va se délecter plutôt que de disserter sur ses vertus nutritives. Je souhaite de tout mon cœur à mes lecteurs d'être enrichis par les vertus de ce fruit, comme je l'ai été et continue à l'être chaque jour de ma vie.

À chaque fois que je propose des exercices pratiques, je suggère de laisser un instant le livre et de prendre quelques minutes pour réfléchir ou se poser. Le bouddhisme comporte deux grands types de pratique : la *réflexion* (parfois aussi appelée « méditation analytique ») qui implique une activité mentale clairement orientée vers certains thèmes de l'enseignement, et la *méditation* proprement dite où l'on laisse l'esprit en repos. Comme lors d'une randonnée ou d'une promenade, on s'arrête, on regarde, on partage ses impressions, on prend conscience de la beauté et de la variété du paysage. La nature, les amis qui vous accompagnent inspirent une nouvelle perspective, un regard neuf sur des histoires connues. Je suis moi-même alpiniste et randonneur, et je conçois cet ouvrage comme un guide et un compagnon de voyage : un parcours sur les chemins, les arêtes et les cimes, riche en défis et en récompenses, une grande aventure humaine.

Certains pensent que le bouddhisme est une philosophie de la passivité, qui vise à atteindre une sorte de détachement personnel, une sérénité indifférente à la souffrance du monde. Ils considèrent que les bouddhistes passent beaucoup de temps sur leur coussin de méditation à raffiner leur esprit et leur attitude mentale, à faire des prières aspirant à la paix universelle, alors que c'est une action énergique qui serait requise pour améliorer la situation économique, politique et sociale du monde.

Ce jugement, tout en venant d'une bonne motivation et d'un sens très juste de la responsabilité, est fondé sur une mauvaise compréhension du sens véritable du bouddhisme. Le pratiquant bouddhiste est engagé activement à soulager la souffrance d'autrui, et nombreux sont les pratiquants de toutes les écoles bouddhistes à être en première ligne dans les grandes causes humanitaires du monde. Citons quelques exemples particulièrement marquants : dans le domaine politique, le dalaï-lama bien sûr, ainsi que le maître vietnamien Thich Nhat Hanh qui a lutté activement pour la paix et la non-violence pendant la guerre du Vietnam ; dans le domaine social et humanitaire, la fondation Tzu Chi dirigée par le maître Cheng Yen de Taïwan fait un travail extraordinaire dans le monde entier, sans compter les nombreux maîtres bouddhistes aux États-Unis engagés dans le travail social avec les handicapés, les délinquants ou les toxicomanes. Surtout, d'innombrables pratiquants bouddhistes puisent dans ce chemin la motivation, l'inspiration et la force qui leur permettent d'œuvrer efficacement pour les autres, quels que soient leur profession et leur secteur d'activité. Là réside peut-être la plus grande contribution du bouddhisme au soulagement de la souffrance universelle, à l'image d'un immense réseau de vaisseaux sanguins très fins qui irrigue et féconde le tissu social du monde.

Selon le bouddhisme, aucune cause, aussi noble soit-elle, ne sera servie efficacement si l'esprit est voilé par l'ignorance, sous l'emprise de la haine, de l'orgueil, de l'envie ; au contraire, seul un esprit de réconciliation et de bienveillance universelle sèmera la graine du bonheur durable pour soi-même et pour tous. Ce principe, qui n'est pas propre au bouddhisme, est le fondement de la non-violence ; on peut facilement en constater la vérité dans les conflits entre nations, entre collègues, ou au sein d'une famille. Le bouddhiste transformera donc d'abord son propre esprit, son propre cœur, pour ensuite travailler plus efficacement dans le monde qui l'entoure. Je connais personnellement des pères et mères de famille, des enseignants, des avocats, des chefs d'entreprise, des infirmières, des médecins qui, grâce à leur motivation pure et à leur pratique spirituelle, apportent là où ils vivent un grand bienfait à ceux qui les entourent, et ainsi à la société tout entière… quand d'autres, qui veulent sauver la France ou la planète, s'enlisent dans des querelles, des rivalités, et ruinent leur noble cause.

Dans le bouddhisme, l'esprit de prosélytisme ou de conversion est absent. Notre nature profonde n'a que faire des noms qu'on lui donne, et tous les chemins se rejoignent au sommet. Je n'ai personne à convaincre, je ne définis pas le bouddhisme comme spécial ou supérieur, je ne regarde pas le monde avec les œillères provoquées par la croyance que l'on appartient à un groupe d'élus.

D'autres personnes associent le bouddhisme à une philosophie visant à éteindre tout élan vital et toute émotion pour atteindre à une sérénité statique et passive. Cette crainte est compréhensible, car dans les religions le danger existe d'appliquer une morale ou des règles castratrices au nom d'un comportement défini dogmatiquement comme vertueux. À ce propos, j'aime beaucoup la définition du puritanisme que donne l'écrivain américain du XXe siècle H. L. Mencken : « Le puritanisme est la hantise que quelqu'un, quelque part, puisse être heureux ! » Si l'on comprend mal le bouddhisme et en particulier la pratique de la méditation, le danger existe bel et bien d'être attiré vers un état artificiellement paisible mais coupé de l'énergie vitale, comme si, las de l'agitation du monde, on allait rechercher le calme au fond d'une sombre cave.

Tout au contraire, les maîtres et les pratiquants authentiques du chemin bouddhiste montrent souvent des qualités de légèreté, d'humour et d'enthousiasme pour la vie, loin de l'atmosphère de pessimisme et de dépression qui sévit à notre époque. Le bouddhiste vise à éviter les complications, les dépendances et les souffrances souvent attachées aux émotions, mais il savoure pleinement les différents aspects de la vie, une fois abandonné l'aspect destructeur de l'égocentrisme et des passions. À quoi le pratiquant bouddhiste renonce-t-il ? À ce qui engendre limitation et souffrance, ni plus ni moins. Le chemin vise à déployer notre plein potentiel d'intelligence, de joie et d'amour, même lorsque les situations sont difficiles. Cependant, c'est un long voyage et ce développement est très progressif ; s'attendre à ce que tous les bouddhistes aient pleinement réalisé ces qualités revient à confondre le cours d'un voyage avec l'arrivée à destination…

Un mot sur le christianisme maintenant. J'ai une très grande admiration pour le message du Christ et pour ceux qui s'efforcent de le suivre avec foi et sincérité. Personnellement, leur exemple a joué un rôle déterminant dans mon cheminement et continue aujourd'hui à être une grande source d'inspiration. Je constate souvent à quel point nous avons à partager et à apprendre les uns des autres, et des liens très forts ont été tissés entre les pratiquants authentiques de ces deux chemins vers l'amour et la sagesse, au niveau de l'expérience contemplative et de l'action altruiste. Même si l'histoire et l'actualité montrent qu'à l'évidence certaines Églises et institutions religieuses ne peuvent guère prétendre à jouer un rôle exemplaire, il importe de ne pas faire d'amalgame entre ces organisations établies et la parole originelle de Jésus. Une moniale catholique me confiait récemment que pour elle, la foi, la religion et l'Église étaient trois choses bien différentes.

Je souhaite que ce petit livre soit un guide pratique, un compagnon et une source d'inspiration sur le chemin. J'y ai partagé ce que j'ai compris, réalisé et vécu au cours de ces trente années. Je propose quelques clés pour commencer à transformer les attitudes génératrices de souffrance pour nous-mêmes et autrui : anxiété, dépression, insécurité, avidité, ressentiment… et pour commencer à découvrir les trésors d'amour, de sagesse et de félicité enfouis en nous. Puisse-t-il contribuer à nous conduire lentement mais sûrement vers une confiance profonde et saine en nous-mêmes, ainsi qu'une attitude de bienveillance et de compréhension envers notre entourage et tous nos semblables.

2. Ma quête du chemin

Je suis né en France quinze ans après la fin de la Seconde Guerre mondiale, dans un monde occidental en pleine expansion économique. Ma famille m'a appris le langage des hommes, l'équilibre sur deux jambes et d'autres choses très pratiques et très utiles pour survivre. J'ai commencé, comme tous les autres jeunes enfants, à imiter les façons de faire, de penser et d'être de mon entourage, sans en être conscient, le plus naturellement du monde. Je suis allé à l'école laïque, gratuite et obligatoire qui était censée former des citoyens capables de vivre dans cette France de la fin du XXe siècle. Puis, vers l'âge de dix-huit ans, j'ai commencé à être frappé par une évidence qui s'est graduellement imposée à moi. Parmi tous ces éducateurs, tous ces adultes supposés gérer le monde, dominer la situation, aucun ne me semblait savoir l'essentiel : aller vers son propre bonheur, celui de son entourage, et œuvrer efficacement à l'amélioration du monde.

Le monde me semblait une gigantesque machine de reproduction aveugle : perpétuer l'espèce, les comportements, les savoirs... Tout le monde me paraissait tâtonner en essayant de faire bonne figure, de faire semblant, de jouer l'adulte, l'expert, le professeur, le docteur... Mais quand on poussait les plus honnêtes dans leurs retranchements, la discussion finissait souvent par un « Tâche d'être plus heureux que moi, mon petit gars... » ou « La vie ça passe vite, amuse-toi, on n'en profite jamais assez... ». D'autres m'exposaient leur conception de la vie, mais leurs propos laissaient sur sa faim l'adolescent mal à l'aise et avide de savoir que j'étais. Quel est le sens de l'existence ? Comment aimer, comment communiquer, ouvrir son cœur ? Comment ne pas juste reproduire le médiocre, le connu, le faux ? Que faire pendant ce temps éphémère qui s'ouvre devant chacun de nous ? Comment être réellement utile aux autres, au monde ? En quête de réponses essentielles, je continuais à faire la tournée des adultes, naïvement convaincu que dans une société aussi « civilisée » que la mienne, cette connaissance, qui me paraissait tellement plus importante et fondamentale que tout le reste, devait bien être disponible quelque part, dissimulée dans les innombrables savoirs techniques et académiques de toute sorte dont j'étais abreuvé depuis l'enfance.

Élevé dans les milieux politiques de gauche, j'étais également entouré de doctrinaires, théoriciens, marxistes et autres (nous étions dans les années soixante-dix et quatre-vingt) : ceux qui savaient ce qu'il faut faire, comment changer le monde, conduire scientifiquement l'humanité au bonheur... Malheureusement, la « doctrine » prévoyait généralement quelques millions de morts comme prix à payer ; quant aux prêcheurs eux-mêmes, ils me semblaient aussi rigides et froids que l'outil qu'ils prétendaient forger pour sauver le monde. D'autres, comme mes parents et leurs amis, étaient doués d'un cœur généreux et d'une motivation sincèrement altruiste, ils désiraient le bonheur universel et avaient foi en l'homme, mais ils professaient des systèmes politiques à mes yeux très utopiques. J'ai bien essayé d'y croire, mais le cœur n'y était décidément pas. Je sentais bien que le fondement même de tout le système était faux car purement théorique, à l'image de ces gens pleins de formules qui s'avéraient impraticables. Et la boutade parfois attribuée à Einstein, que j'ai découverte bien plus tard, me paraît sonner ici particulièrement juste : « La théorie, c'est quand on comprend tout mais que rien ne marche ; la pratique, c'est quand tout marche et que personne ne sait pourquoi. »

À l'École normale supérieure de Paris, j'ai côtoyé quelques-uns des meilleurs savants et intellectuels de l'époque. À chaque rencontre, j'étais impressionné par l'intelligence de la personne et sa maîtrise absolue de sa discipline, mais au niveau du cœur, de l'humain, le décalage était frappant. Il me semblait qu'un certain niveau fondamental de compréhension de l'être et du monde leur échappait… Une fois de plus, je restais sur ma faim.

Me voici donc à Paris, mes diplômes scientifiques en poche, hanté par la perspective de m'engager dans la gestion d'un quotidien familial et professionnel, sans savoir si j'étais dans le juste. Je ressentais comme un véritable danger une tendance que j'ai maintes fois depuis observée autour de moi : s'inscrire dans un mode de vie routinier ou médiocre, avec la perspective d'une vie basée sur le faux-semblant, l'artificiel ; passer à côté de l'essentiel, le savoir, et continuer quand même… La vie me semblait trop prometteuse pour cela ! Je ne voulais pas rater le coche, je désirais que ma vie soit pleine de sens. Par ailleurs, je me sentais impuissant devant les malheurs de toutes sortes qui m'entouraient, matériels ou psychologiques, et j'étais très désireux de trouver des éléments de réponse face à la souffrance humaine universelle, de découvrir un chemin que tout le monde puisse emprunter pour aller mieux, quelles que soient son origine, sa culture et son éducation.

Soudainement, à l'âge de vingt-deux ans, en rencontrant des groupes de chrétiens qui vivaient intensément leur foi, j'ai brièvement entrevu, comme un rai de soleil resplendissant qui traverse un ciel plombé, le cœur de la spiritualité : une clarté et un amour fondamentaux, intemporels, au-delà des constructions physiques, psychologiques, mentales et émotionnelles ordinaires. Ce fut fulgurant, bouleversant et fugitif – suffisamment clair pour être sûr qu'il y avait quelque chose, suffisamment confus pour me retrouver bien désorienté. J'appréciais beaucoup les valeurs humaines de ces amis chrétiens, en particulier un principe qui comptait beaucoup pour eux : l'homme vaut par lui-même, sa dignité est inaliénable, quel que soit son statut ethnique, social, intellectuel ou autre. Plutôt que d'être catégorisé comme socialiste, étranger, savant, homosexuel, etc., chacun était accueilli comme un être humain... Il y avait un sens de l'unité au-delà des différences, et de l'accueil inconditionnel. Mais le chemin proposé, qui était de croire en Dieu et de s'en remettre à lui, m'était à l'époque inintelligible ; Dieu, je ne savais pas ce que c'était, mais on me disait qu'il suffisait d'y croire pour que tout soit résolu... Une petite voix narquoise en moi me chantonnait parfois ces bribes d'une chanson de Brassens : « Mettez-vous à genoux, priez et implorez, faites semblant de croire et bientôt vous croirez ! » À l'époque, ce fut une lumière entrevue, mais pas de chemin que je puisse emprunter. Le ciel était inaccessible, et la terre inchangée. Surtout, le salut semblait devoir attendre la mort, et il y avait beaucoup de croyances a priori dont certaines me paraissaient pures légendes. Il me restait toutefois une amitié lumineuse avec ces gens éclairés et transformés par leur propre foi, qui me semblaient détenteurs d'un véritable trésor.

J'ouvre une parenthèse ici pour souligner que je

retrace ici simplement les impressions subjectives de cette période de jeunesse ; il n'y a aucun jugement de ma part sur les personnes que j'ai rencontrées, sur l'engagement politique ou sur le christianisme en général. C'est l'état d'un esprit en marche que je transcris, avec les inévitables effets déformants de l'expérience vécue intensément à la première personne et de la forte insatisfaction qui me caractérisait à l'époque. Avec le recul du temps, je me rends compte que j'ai rencontré dans tous les milieux des gens de grand cœur, de grande sincérité et de grande humanité.

Quelques années plus tard, j'ai rencontré la sagesse bouddhiste en la personne des maîtres tibétains en exil en Occident, contraints de fuir trente ans auparavant une invasion chinoise particulièrement cruelle. Certains s'exprimaient en anglais, et s'étaient efforcés de mettre la pertinence de leur sagesse d'origine à l'épreuve des défis et de la mentalité du monde d'aujourd'hui. Parmi eux, Sogyal Rinpoché, qui devait écrire dix ans plus tard le célèbre *Livre tibétain de la vie et de la mort*, fut celui qui répondit pour moi à la quête que je poursuivais assidûment depuis des années. Il donnait à comprendre clairement le sens de la vie et de la mort, le but ultime de l'existence, le moyen de se libérer de nos schémas destructeurs et d'aller vers un amour inconditionnel. Il montrait comment œuvrer lentement mais sûrement pour un monde meilleur, soulager la souffrance et éradiquer ses causes – autrement dit, comment réussir sa vie au sens le plus profond et fondamental du terme, ici et maintenant. Surtout, il pétillait de gaieté, d'intelligence et d'humour. Il nous rappelait souvent qu'il n'enseignait pas en son propre nom, mais qu'il se contentait de transmettre la sagesse millénaire du bouddhisme qu'il avait héritée de ses propres maîtres... Il n'en avait pas moins réussi à faire le lien avec le XXe siècle occidental, à édifier un viaduc vertigineux et improbable enjambant l'abîme qui nous sépare des civilisations traditionnelles bouddhistes de l'Inde et du Tibet. Il se proposait de nous guider dans nos premiers pas sur ce nouveau chemin ouvert et exaltant en quelques mots simples :

ÊTRE
AIMER
COMPRENDRE
GUÉRIR ET TRANSFORMER

Depuis une trentaine d'années que je marche sur ce chemin, j'ai été amené, à travers une longue succession de tâtonnements, de difficultés et de réussites, à en vérifier personnellement les bienfaits, dans ma vie de couple, ma vie familiale et professionnelle, ma vie d'enseignant bouddhiste occidental, ma vie tout court. Il m'a permis d'apprendre à mieux aimer, à mieux être, à commencer à me libérer des schémas d'échecs hérités du passé qui empoisonnaient mon existence et celle de mes proches. On pourrait dire :

moins d'habitudes, davantage d'être. Ou bien, pour utiliser le langage de Bergson : moins de mécanique, davantage de vivant... Ce chemin est constitué pour une large part de vérités simples et profondes, et je me propose de parcourir avec vous quelques étapes de cette voie qui continue à s'ouvrir devant moi et m'apporte chaque jour ses fruits.

3. La lumière des cimes

La traversée des cimes : une grande journée dans l'espace, l'azur et la lumière…

Veux-tu le parcourir avec moi, ce chemin exaltant de l'éveil de l'esprit et de l'ouverture du cœur ?

Avant de partir, apprends à t'arrêter. À voir, à entendre, à ressentir. À être là. Arme-toi de courage et de patience, ces vertus millénaires des hommes des hautes terres.

Laisse avec les brouillards du fond de la vallée le poids des habitudes et des préjugés. Lâche prise, et pars léger…

Lève-toi avant l'aube, car le chemin est long, puis prends le pas égal du montagnard, le rythme millénaire des hommes qui traversent à pied les vastes étendues.

Tandis que le jour se lève lentement, gravis avec constance les premiers contreforts. Ne cède pas à la lassitude ni au découragement. Continue à marcher.

En remontant les vertes pentes de la vigilance et de l'attention, abreuve-toi à l'eau vive de la générosité, à la cascade de la joie, au lac profond et limpide de l'amour et de la bienveillance.

Maintenant, tu quittes le terrain ordinaire, la pénible routine des lourdes habitudes : tu parviens à l'orée des neiges éternelles de la sagesse.

Fais halte : vois les monts qui s'illuminent, les vallées encore plongées dans l'ombre, nimbées de brume.

Marche dans la lumière de l'aurore réfléchie par les innombrables cristaux de glace, les mille feux de l'interdépendance de toute chose.

Tu abordes l'arête fine, vertigineuse et ourlée de neige : dépouille-toi de l'ego lourd et encombrant pour la franchir en toute légèreté.

Te voici enfin au sommet, sur l'altière cime de la nature profonde de ton esprit : contemple cet infini d'espace, de lumière et d'azur, goûte l'indicible bonheur d'être là-haut, l'éclat vif et pur de la liberté nouvelle.

Puis redescends tranquillement vers les chemins, les rivières et les forêts de la vie quotidienne, du fil des jours. Parcours-les du pas nouveau de la présence, de l'écoute et de la bienveillance.

Prends le temps de tenir la main de tes compagnons de voyage. Travaille à assainir les marais de la souffrance du monde. Cultive cette jachère, l'ignorance des hommes.

Au soleil couchant, moissonne les épis d'or de la tolérance et de la compréhension.

Au soir, à l'heure de quitter ce monde, demeure sereinement dans la clairière et regarde venir doucement la nuit limpide piquetée d'étoiles : la claire lumière éternellement présente de ton être.

Partie I

Être

1.

La pause

> « Laissez l'esprit reposer dans la grande paix naturelle ».
>
> Nyoshul Khen Rinpoché

Quand on lui demanda un jour son impression sur les Occidentaux, un lama tibétain répondit avec un léger sourire : « Ils ont beaucoup de qualités, mais leur moteur est toujours allumé, même au repos… »

Nous avons probablement tous vu un jour ou l'autre – c'est l'un des charmes de notre siècle – notre tranquillité soudainement troublée par un camion à l'arrêt laissant tourner son moteur diesel devant notre porte… et subi le ronflement poussif de la lourde mécanique, alors qu'il paraissait si simple de l'éteindre. Nous avons peut-être aussi enduré le tumulte mental ou émotionnel de personnes de notre entourage, en souhaitant qu'elles puissent s'arrêter, ne serait-ce qu'un moment, d'agiter sans cesse les pensées, les émotions, les histoires... Nous avons aspiré, à un moment ou un autre, à un environnement de paix et de bien-être.

Mais cette qualité que nous recherchons dans l'environnement, dans notre entourage, voyons si elle est présente là où elle serait la plus précieuse : dans notre propre esprit, dans notre propre cœur. Car, après tout, avec qui passons-nous le plus de temps dans la journée ? Qui possède, plus que tout autre, la capacité de nous faire vivre le paradis ou l'enfer ? Bonheur et souffrance, ultimement, dépendent de notre esprit, de notre perception.

Regardons la semaine qui vient de s'écouler. Considérons quelques-uns des moments de notre vie : nos trajets quotidiens, notre travail, notre vie domestique, nos loisirs, notre repos... Examinons, dans tous ces moments, comment est notre esprit. Est-il perturbé, bruyant ? Est-il à l'aise, serein ? Est-il distrait ? Est-il inquiet pour le futur, nostalgique du passé ? Fabrique-t-il des plans d'avenir ?

Prenons quelques minutes pour y songer tranquillement...

Maintenant, posons-nous cette question : Pouvons-nous arrêter le « moteur » quelques instants et jouir du silence ? Avons-nous le contrôle de notre esprit ? Les pensées et les émotions nous manipulent-elles, ou bien notre esprit est-il notre ami, notre allié ? Pour entrer en amitié avec une personne, le premier pas est de passer du temps de qualité avec elle, de ne pas la fatiguer ou la perturber. Mais avons-nous cette attitude envers nous-mêmes ? Comment faire pour ne pas être notre pire ennemi, mais un ami, un soutien véritable ?

Le premier pas, c'est d'apprendre à faire une pause.

EXERCICE PRATIQUE

Installons-nous dans une position qui nous est confortable. Expirons trois fois profondément et, à chaque expiration, sentons les préoccupations et les tensions nous quitter.

Demeurons ouverts et détendus dans l'instant présent, tout comme un travailleur fatigué, à la fin d'une longue journée, s'assoit paisiblement dans son fauteuil devant un feu de cheminée, et prend le temps de respirer tranquillement.

Si des pensées apparaissent, laissons-les venir et passer librement, sans leur prêter une attention particulière, sans les suivre, sans nous intéresser à leur discours ; gardons notre repos, restons dans la présence tranquille de l'instant. Nous nous occuperons d'elles plus tard ; pour le moment, ce temps de liberté nous appartient.

Faisons cette pause ensemble pendant quelques minutes. Demeurons tranquillement présents à l'instant qui passe.

Si vous constatez que les pensées sont nombreuses et agitées, ne tentez pas de les bloquer. La pause est une acceptation totale et un accueil inconditionnel de tous les aspects de nous-mêmes. C'est un espace de non-jugement : tout peut se produire, tout va bien. On laisse toutes les pensées et les préoccupations s'élever librement et passer, comme les vagues de l'océan. Si les distractions sont fortes et perturbatrices, il peut être utile de placer légèrement l'attention sur le souffle qui va et vient, afin de ne pas être emporté par le flot des pensées.

Faisons de nouveau une pause de quelques minutes.

Insistons un instant sur ce point, car les habitudes ont la vie dure : la pause, c'est un instant de suspension du jugement – surtout du jugement de soi. On se laisse être. On arrête de réagir, de vouloir être différent, de vouloir changer quoi que ce soit. Quel soulagement, quelle liberté !

Nous pouvons nous accorder ce temps de pause à tout moment de la journée : sur le coussin de méditation certes, mais aussi dans les transports, en attendant que le feu passe au vert, entre deux rendez-vous, entre deux visites... Cet instant fugitif de disponibilité à nous-mêmes suspendu entre deux réalités affairées, il est à nous et pour nous, il va nous devenir aussi vital et précieux que le souffle qui nous anime depuis notre naissance. Pourquoi ? Parce que c'est précisément là que réside la source de toute guérison et de toute plénitude. Si l'on est complètement coupé de ce ressourcement, on devient un personnage balzacien : notre énergie tumultueuse nous emporte et se consume progressivement jusqu'à l'extinction, comme une machine lancée qui tourne jusqu'à épuisement du carburant. Quelques pauses courtes au milieu d'une journée affairée peuvent nous ouvrir l'espace qui nous permettra de vivre vraiment, et non juste de survivre jusqu'au soir.

Mais pourquoi sommes-nous si peu nombreux à nous l'accorder ? Pourquoi presque personne ne semble y aspirer ? Pourquoi cette idée même de pause, de non-faire, est-elle effrayante pour beaucoup ?

J'ai passé mon enfance et mon adolescence dans un milieu d'intellectuels de gauche qui se définissaient comme matérialistes et qui considéraient l'homme comme un mécanisme biologique en lutte constante pour sa survie. Vivre, c'était s'activer, se battre : contre le milieu naturel, pour se faire sa place, pour le progrès, pour la justice, contre les oppresseurs de toute sorte... L'arrêt, la non-action, c'était la négation de la vie, la mort, le néant. On se définissait par l'action, dans l'esprit de l'existentialisme de Sartre, qui était fort en vogue dans ces milieux car il semblait avoir trouvé un moyen de faire cohabiter enfin les deux éternels irréconciliables de la philosophie : le matérialisme et le libre arbitre. Je ne porte aucun jugement sur cette approche, elle a sa grandeur, sa raison d'être et son utilité sociale, surtout lorsqu'elle est animée par une motivation authentiquement altruiste. Mais dans ce système, la vieillesse et la mort constituent l'échec ultime : l'arrêt final du mécanisme. Quel que soit le stratagème intellectuel utilisé pour l'occulter, cette hantise crée une insécurité fondamentale souterraine qui empêche d'arrêter un seul instant ce fameux « moteur » de l'esprit.

L'insécurité fondamentale – la peur du néant, de la mort et de l'arrêt – se trouve au cœur de nos sociétés, c'est elle qui fait tourner le monde ! C'est d'ailleurs pour cette raison qu'il va mal... Elle est la source de nombreux comportements destructeurs, pour autrui comme pour soi-même. Elle est le malaise perpétuel qui nous empêche de nous poser, l'épée dans les reins qui nous fait consommer, nous inquiéter, courir. L'ironie est que nous croyons penser et agir en toute liberté, alors que nous sommes en grande partie conditionnés par des mécanismes inconscients.

Face à ce défi, tentons une expérience nouvelle toute simple : voyons ce qui se passe lorsque nous nous arrêtons. Laissons un instant l'esprit tel qu'il est et demeurons simplement immobiles, l'esprit détendu, sans activité. Au cours de mes années de pratique, j'ai découvert progressivement ainsi la plénitude de l'être, toujours disponible, toujours intacte. Chacun d'entre nous peut en faire l'expérience par lui-même et se faire ce cadeau chaque jour renouvelé.

Alors, avant de passer à la prochaine étape, je propose que nous décidions ensemble de nous faire ce cadeau inhabituel : chaque jour, aux moments de notre choix, nous nous offririons deux plages de pause de quelques minutes ; nous expirerons profondément trois fois puis nous laisserons l'esprit être simplement en repos dans l'instant présent. Si cela paraît difficile, nous verrons au prochain chapitre que nous pouvons utiliser un support d'attention – le souffle, les sensations physiques, un son, un objet visuel – pour maintenir notre esprit dans une présence détendue.

Nous venons de faire le premier pas pour entrer en amitié avec nous-mêmes et avec les autres.

2.

La pleine conscience du présent

> « Ce présent que nous avons en vain poursuivi dans nos journées, car il était loin de nous au moment où il était, le voici devant nos yeux et dans nos cœurs, le présent. Le feu, c'est le présent qui brûle et brille, c'est le présent qui prie… »
>
> Lanza del Vasto, *La prière du feu*

Nous passons la plupart de notre temps à penser au passé ou au futur, et finalement peu à vivre notre vie au présent. Dans ma jeunesse, mes parents m'emmenaient souvent en randonnée, et ma mère disait parfois, quand nous nous arrêtions dans une jolie prairie : « L'instant parfait ne dure pas… il est toujours troublé par une pensée, une préoccupation qui vient à l'esprit. » Des pensées, des scénarios imaginaires nous encombrent sans cesse… N'est-il pas étonnant que nous nous projetions à ce point dans le passé ou le futur, alors qu'en définitive seul le présent est réel, seul l'instant nous appartient ?

Nicole, ma compagne de vie, possède naturellement cette faculté de créer par sa simple présence une magie du quotidien, des choses simples, une plénitude de chaque instant. Son voyage préféré, c'est le fil des jours ; son paradis un petit jardin ; son repas de fête un plat de légumes frais. Quand je la vois, ces lignes de Victor Hugo me viennent spontanément à l'esprit : « Un petit jardin pour se promener, et l'immensité pour rêver. À ses pieds ce qu'on peut cultiver et cueillir ; sur sa tête ce qu'on peut étudier et méditer ; quelques fleurs sur la terre et toutes les étoiles dans le ciel. »

Quant à moi, au début, j'allais spontanément vers les discours, les discussions, les débats… Au fil des jours, elle m'a appris à regarder et à goûter l'instant au lieu de me perdre dans les pensées, les théories, les analyses. La méditation consiste à s'établir naturellement dans l'instant : attentif, présent et en même temps complètement détendu et à l'aise.

EXERCICE PRATIQUE

Lecteur, prenons un instant pour songer à ceci :

• Où est le passé ? Existe-t-il ailleurs que dans notre esprit, dans nos pensées ?

• Où est le futur ? Existe-t-il ailleurs que dans notre esprit, dans nos pensées ?

Maintenant, réfléchissons ainsi :

• Combien de temps dans la journée passons-nous absorbés par ces pensées du passé et du futur ?

• Ces stratégies pour l'avenir que nous avons entretenues jusqu'à maintenant, ces plans, ces projets se sont-ils réalisés comme nous le prévoyions ?

• Voyons-nous la différence entre la pensée d'une situation et la situation elle-même ?

Nous touchons là un point essentiel : bien que notre éducation nous ait habitués à croire le contraire, la représentation mentale n'est pas la connaissance directe du réel. L'intellect manipule des objets imaginaires et construit sans cesse des scénarios, des espoirs, des peurs et des regrets basés sur eux. Il engendre des émotions fondées sur des fictions : par exemple, le souvenir inconscient d'un traumatisme passé peut nous rendre paranoïaques face à une personne animée des meilleures intentions à notre égard, et au nom d'un bonheur hypothétique dans le futur, nous pouvons sacrifier notre vie présente et celle de notre entourage. Je ne peux m'empêcher de repenser à ce personnage pittoresque de mes lectures de jeunesse, le géographe Paganel imaginé par Jules Verne dans *Les Enfants du capitaine Grant*, qui connaissait par cœur les cartes et les noms des lieux du monde entier… sans être jamais sorti de sa bibliothèque ! Il connaissait tout intellectuellement mais n'avait jamais rien vu directement.

Anne vit depuis dix ans avec un homme aimant et attentionné. Mais nul n'est parfait… et à chaque rare moment où il omet de montrer des signes explicites de prévenance, elle perd pied. Elle revit sans le savoir des scènes traumatiques d'abandon vécues dans son enfance auprès d'une mère abusive. Elle les projette sur son compagnon, qui devient le traître… Au début, il ne comprend pas ce qui lui arrive. Cette belle femme intelligente et sensible, pourquoi est-elle de temps en temps si instable ? Simplement, par moments, elle ne croit pas à l'évidence de l'amour présent, elle perd confiance, car elle revit le passé et ce passé empoisonne le présent.

Charles, enfant, a été sans cesse rabaissé par ses frères et par son père : il était celui qui n'arriverait jamais à rien… Maintenant, il a une épouse charmante et deux filles adorables qui ne demandent qu'à le comprendre et à l'aimer. Mais il est psychorigide, tout doit être fait selon son idée, il étouffe la vie et la spontanéité sans le savoir. Ses habitudes mentales héritées du passé l'empêchent de voir, d'être, de se détendre dans la simplicité de la situation présente.

Pauline a établi depuis longtemps la liste des qualités qu'elle attend d'un homme. Quant à l'homme lui-même, elle l'attend toujours… Certains jours, elle commence même à douter qu'il apparaisse jamais et elle sent l'amertume la gagner. Ses attentes, ses idées fixes sur le futur l'empêchent de vivre, de s'ouvrir à la richesse du champ des possibles qui s'offre au présent. Elle vit une frustration ordinaire soigneusement programmée par l'esprit qui pense... le sien, ironiquement. Elle devra probablement passer par cette désillusion fondamentale : abandonner les chimères d'un futur hypothétique et regarder d'un œil neuf la situation présente, ce qui est devant ses yeux. Alors, tout pourra s'ouvrir...

L'expérience directe, elle, s'inscrit dans le présent. La pleine conscience de l'instant est la base de toute relation saine avec le monde et de toute pratique spirituelle. C'est aussi la base de la thérapie cognitive : pour une personne gravement déprimée ou perturbée mentalement, la guérison commence lorsqu'elle retrouve l'appréciation de certains actes simples du quotidien accomplis en pleine conscience, ce qui tranche le cycle des ruminations mentales liées au passé et au futur. Anne, Charles et Pauline ont-ils besoin d'une psychothérapie qui leur ferait explorer les tréfonds du passé ? Peut-être, mais pas nécessairement. Surtout, ils ont besoin de réapprendre à voir, à être, à vivre... au présent.

La pratique régulière sur le coussin et l'attitude de présence détendue dans la vie m'apportent beaucoup chaque jour. Elles me permettent d'accomplir davantage avec moins de stress, plus de confiance et de justesse : de mieux jouir de la vie, de mieux écouter les autres sans m'égarer dans des histoires mentales sans fin qui compliquent tout et finissent par gâcher les meilleurs moments. J'ai senti les bienfaits de la pratique de la pleine conscience grandir peu à peu au fil des années, à travers toutes sortes de situations. Cependant, je me surprends parfois à juger mentalement certaines personnes sans les connaître vraiment, ou à partir dans mes pensées en cessant d'écouter ceux qui m'entourent... et je vois à quel point ces anciens conditionnements ont la vie dure !

Lecteur, si nous utilisions ce fugitif moment de rencontre pour passer ensemble un moment à reposer dans l'instant présent ?

EXERCICE PRATIQUE

La posture de méditation contribue à la paix et à la clarté de l'esprit, à condition qu'elle puisse être adoptée confortablement et sans rigidité : les jambes croisées, les mains sur les genoux, la colonne vertébrale droite, le regard tourné légèrement vers le bas, les yeux mi-clos et la bouche légèrement entrouverte. Mais lorsque l'on débute, on peut se contenter des deux éléments essentiels de la posture : le dos droit et la détente, assis sur un coussin ou un siège. Si cela vous est difficile, toute position confortable conviendra.

Prenons un instant pour ne rien faire. Pour être, tout simplement, attentifs à l'instant présent et détendus.

Accueillons tout ce qui se présente à l'esprit – pensées, émotions, sensations – sans le moindre jugement. Acceptons-nous pleinement. Disons OUI à tout ce que nous sommes, inconditionnellement.

Prenons conscience des sensations corporelles :

• Points de contact du corps avec le sol.
• Sensations de chaleur ou de froid.
• Sensations des différentes parties du corps, depuis les pieds, en remontant lentement, jusqu'à la tête.

Puis prêtons attention au souffle qui entre et sort des poumons, sans le modifier : notre respiration est naturelle.

Une fois centrés et posés au calme, nous pouvons laisser aller le support d'attention et reposer simplement dans l'instant présent. Nous demeurons sans distraction, pleinement détendus, sans focalisation particulière.

Si nous sommes distraits par des pensées ou des sensations, nous les laissons passer sans les suivre, et nous revenons simplement à l'attention à l'objet de pratique (le souffle, les sensations...), sans commentaire mental.

Au début, naturellement, l'esprit est très souvent distrait et la discipline consiste à revenir sans cesse à l'objet d'attention. Nous avons proposé ici les sensations physiques et le souffle comme supports, mais on peut en utiliser d'autres : les sons que nous percevons, un objet visuel comme une fleur, une image ou un paysage naturel, ou bien tout autre objet des sens qui nous convient. Par exemple, si nous choisissons de prêter attention aux sons, nous les écoutons simplement, sans commenter ni juger l'information sensorielle que nous recevons ; dès qu'un commentaire mental survient, nous ne le suivons pas, nous revenons simplement à l'attention pure aux sons. C'est une attention nue, sans discours mental. Nous pouvons faire cette pratique assis et immobile, mais aussi en mouvement. Si nous marchons, nous pouvons être attentifs au contact des pieds avec le sol à chaque pas ; au moment du repas, être conscients des saveurs, etc.

Une fois l'esprit établi dans le calme, nous pouvons cesser de placer l'attention sur un support spécifique et reposer simplement dans l'instant présent, pleinement conscients et détendus, sans distraction ni focalisation particulière, en paix avec toutes les pensées, émotions ou perceptions qui apparaissent librement. Nous avons alors atteint le but de la méditation du repos calme de l'esprit, *shamatha* en sanscrit.

Cette présence a une qualité de douceur, elle est comme une caresse ; il ne s'agit pas d'une concentration intense et tendue, mais plutôt de ce que l'on pourrait ressentir au berceau d'un bébé paisible ou devant un beau paysage. Elle est détendue, naturelle, libre. On n'impose rien à l'esprit. C'est une autre façon de vivre, simple et reposante, où l'on est profondément en contact avec soi-même et avec le monde, sans tensions ni complications. Surtout, cette pratique désamorce progressivement notre tendance invétérée à tout juger et commenter sans cesse, au lieu de comprendre en profondeur ; or ce sont ces innombrables réactions qui, au cours d'une journée, créent le stress et l'épuisement.

J'hésite à employer le mot « méditation » pour qualifier cette pratique à cause de certaines idées fausses très répandues concernant ce terme. Beaucoup pensent à tort que la méditation est une concentration intense destinée à bloquer toute pensée, créer un vide mental et entrer dans une sorte d'absorption qui nous isole du monde. Certains maîtres tibétains donnent parfois l'instruction paradoxale suivante pendant la pratique : « Cessez de méditer ! », pour indiquer qu'il s'agit d'une façon d'être complètement naturelle, où l'on n'impose rien à l'esprit. Si elle est pratiquée avec trop de sérieux et de concentration, une méditation peut conduire à un état certes calme, mais froid et desséchant, comme si l'on fermait toutes les portes et fenêtres et que l'on descendait à la cave pour trouver la paix. Cette erreur commune est à éviter. C'est pourquoi il est conseillé aux débutants de pratiquer formellement pendant de courtes sessions entrecoupées de courtes pauses, qui rafraîchissent la méditation et évitent de sombrer dans un état d'esprit altéré.

Ainsi de courtes méditations formelles dans un environnement calme et propice, chaque jour et si possible plusieurs fois par jour, sont très utiles. Mais à tout moment, et en particulier quand on se sent pris par l'agitation des pensées et des préoccupations liées au passé ou au futur, on peut revenir quelques instants au souffle, au corps ou à un autre support d'attention. La pleine conscience du présent est le fil qui nous relie à notre nature profonde et la source de toute guérison. Chaque geste, chaque activité accomplie en pleine conscience sera empreinte de beauté et de dignité.

Si nous sommes dans cet état de disponibilité intérieure avec nos proches, la rencontre prend une tout autre saveur. Le bruit de fond des pensées incessantes qui nous épuise et nous rend de compagnie futile ou désagréable diminue progressivement ; la *présence*, cette qualité humaine fondamentale, peut se manifester ; l'écoute et l'empathie se développent naturellement.

Voyons maintenant une objection courante : Si je suis calme, sans pensées, sans préoccupations, ne vais-je pas devenir une sorte de légume… en paix certes, mais ne perdrai-je pas ma créativité, ma richesse ? Pourrai-je fonctionner efficacement dans le monde ?

Tout d'abord, il n'est dit nulle part qu'en méditation les pensées disparaissent. Insistons sur ce point : les pensées, les émotions et les perceptions ne sont pas bloquées, elles peuvent naturellement survenir ; elles sont parfaitement libres, nous n'essayons pas de les réfréner. La grande différence est qu'elles ne nous entraînent plus dans des commentaires sans fin : quand elles apparaissent, nous les reconnaissons, nous les laissons passer et nous restons en repos dans le présent, au lieu d'être distraits et de nous perdre dans les histoires qu'elles nous racontent. L'enseignement tibétain dit que l'on est vis-à-vis des pensées comme « un vieil homme sage qui regarde les enfants jouer ».

Ensuite, les pensées peuvent prendre des formes très variées. Il m'est arrivé souvent, et il m'arrive toujours, d'avoir à faire face à un souci, une difficulté imprévus. Parfois, ma première réaction est de penser fébrilement à toutes les solutions possibles, car j'ai été élevé dans le postulat implicite que les problèmes se traitent ainsi. Le plus souvent, ces pensées ne sont guère utiles ni avisées. Plus on remue l'eau boueuse, moins on y voit clair ! Après m'être agité vainement, je me décide finalement à m'asseoir en posture de méditation, à laisser l'esprit en repos. J'abandonne toute idée de vouloir résoudre le problème ; je me pose, tout simplement. Alors, une fois calmé le flot des pensées confuses, dans cet espace de paix apparaît parfois une intuition, une évidence, comme une forme que l'on distingue dans une pièce sombre une fois nos yeux accoutumés à l'obscurité. C'est en cessant de manipuler et d'agiter l'esprit que les choses deviennent claires. Dans ses enseignements sur la méditation, Sogyal Rinpoché dit souvent : « La faculté de l'esprit est de connaître, mais l'ignorance a perverti cette lucidité naturelle et l'a transformée en saisie. Le but de la méditation est de relâcher cette saisie et de revenir à la connaissance pure. »

Je laisse se déposer cette agitation des pensées et des émotions qui m'aveuglent, tels des tourbillons de poussière qui cachent le ciel et le soleil. Même si les choses ne se clarifient pas, ce qui arrive aussi, du moins la tentation de réagir impulsivement en aveugle, si dangereuse quand on est dans la confusion, tend à se relâcher, et je commence à ressentir un peu d'espace, la possibilité de rester ouvert et d'attendre que la situation s'éclaircisse.

Voilà qui va à l'encontre de ce qu'on nous apprend souvent. Moi-même j'ai été formé à croire que lorsqu'un problème se présente, il faudrait y réfléchir avec intensité pour trouver des solutions. Réfléchir, certes… mais avant tout retrouver la paix et la qualité d'être. Se poser, laisser l'esprit être sans le manipuler ou le troubler. J'avais entendu la parole suivante dans les premières années de mon chemin bouddhiste, et elle m'avait intrigué : « Si l'on prend soin du présent avec justesse, le futur prend soin de lui-même. » Depuis lors, j'ai essayé de l'appliquer et j'ai pu constater à quel point elle se vérifie à tous les niveaux : relations, travail, santé…

Ainsi, la pleine conscience n'est pas seulement un moyen de vivre plus sereinement son quotidien, elle permet au discernement et à la véritable intelligence du cœur de se manifester pour agir avec bienveillance et efficacité dans la société. Considérez la marche du monde, les grandes décisions prises par les politiques ou les industriels, les innombrables entreprises et activités humaines, et vous constaterez très vite ce qui fait défaut pour qu'elles contribuent au bien-être de tous. Ce n'est ni le courage, ni le travail, ni les moyens qui manquent, mais deux facteurs : d'une part le discernement, le bon sens, l'intelligence concrète, et d'autre part le bon cœur, la motivation pure. D'où l'utilité d'une telle pratique pour améliorer le monde : trouver la paix en soi est la pierre d'angle de l'édifice futur de la paix universelle.

J'ai aussi constaté un bienfait constant d'une pratique formelle de pleine conscience : en me relevant du coussin, je me sens plus à l'aise, plus ouvert aux gens et aux situations ordinaires ; mes sens sont comme lavés. Imaginez une marmotte qui, ayant hiberné tout l'hiver, pointe son museau hors de son gîte et hume l'air frais du printemps pour la première fois depuis de longs mois... Si l'on y songe, c'est assez prodigieux : l'esprit est naturellement doué de la lucidité qui lui permet de voir et de comprendre profondément ; l'obstacle, ironiquement, vient de cette agitation incessante que nous lui imposons pour confirmer notre existence par l'activité mentale, comme la mouche qui s'agite frénétiquement dans un bocal ouvert au lieu de chercher où est la sortie.

Certains jours, je me réveille et je pense aussitôt à une multitude de tâches quotidiennes ; mon esprit commence à s'activer... puis je m'installe pour ma pratique quotidienne du matin. Dans cet espace de calme et de liberté intérieure, il arrive qu'il me vienne spontanément une ou deux pensées seulement, mais beaucoup plus profondes : une bonne idée pour un projet important, une personne qui a besoin de moi dont je dois prendre des nouvelles, un oubli grave à réparer… La qualité, la saveur de ces prises de conscience est complètement différente de l'agitation superficielle de l'état ordinaire où j'ai l'impression de brasser du vent.

Rappelons cette erreur commune lors de l'apprentissage de la pleine conscience : être trop attentif, vouloir supprimer toute pensée, vouloir maintenir le calme, investir trop d'efforts dans la pratique. Je suis tombé dans ce piège. Cela ne produit aucun bienfait, et peut même conduire à une sorte d'état d'esprit étriqué où l'on considère que l'on se livre à un exercice très sérieux : on perd la spontanéité, le naturel ; c'est comme si l'on s'observait sans cesse. La tradition raconte l'histoire de Shrona, un disciple du Bouddha qui était auparavant musicien. Devenu moine, il éprouvait la plus grande difficulté à méditer : soit il se concentrait et éprouvait des maux de tête, soit il se détendait et s'endormait. Il alla trouver le Bouddha qui lui dit : « Quand obtenais-tu le son juste de ton instrument ? La corde devait-elle être tendue ou relâchée ?

– Ni trop tendue, ni trop relâchée, répondit Shrona.

– Il en est de même de l'esprit », lui répondit le Bouddha.

Ainsi, la présence d'esprit doit être naturelle et légère et non le résultat d'un effort tendu. Elle est comme un parfum qui embaume subtilement l'atmosphère, non comme une sentinelle qui surveille étroitement l'esprit, les pensées et les perceptions.

Naturellement, cette familiarisation avec la pleine conscience, à la fois en pratique formelle assise et dans les activités quotidiennes, implique un entraînement progressif et beaucoup de patience. Une longue période s'écoulera avant qu'elle nous soit aussi naturelle que l'équilibre à bicyclette. Pendant cette période, une instruction complète de méditation (qui dépasse le cadre de ce livre), ainsi que les conseils directs d'une personne qualifiée et expérimentée seront très utiles. À chaque fois que je relis quelques pages du chapitre du *Livre tibétain de la vie et de la mort* consacrées à la méditation, je ne peux m'empêcher d'être émerveillé par la profondeur et la subtilité de cet enseignement, qui permet de placer l'esprit avec justesse dans son équilibre naturel.

Pour l'heure, contentons-nous de prendre quelques minutes pour laisser résonner en nous cette parole célèbre que l'on retrouve dans de nombreux enseignements bouddhistes et qui est comme le cœur et l'aboutissement de la pleine conscience :

De même que l'eau, si on ne l'agite pas, s'éclaircira d'elle-même,
La nature de l'esprit est telle que si on ne le manipule pas, si on le laisse inaltéré, sa paix et sa félicité se manifesteront naturellement.

Gardons ces quelques lignes dans notre cœur, et ce viatique : être en pleine conscience, ouverts, détendus et spacieux, accueillir toutes les pensées, les émotions et les états mentaux sans jugement ; laisser tranquillement venir et aller, sans les suivre, sans y croire, les histoires que notre esprit nous raconte et les constructions mentales fictives ; s'ouvrir au présent qui est juste devant nous, et qui constitue notre plus grand trésor.

Nous venons de faire ensemble le deuxième pas : retrouver la saveur de vivre au présent, de voir, d'écouter, de ressentir… d'être.

3.

Joie, générosité et prospérité

« Nul trésor tel que le contentement. »

Nagarjuna, saint bouddhiste du IIe siècle

En vivant en Occident, on s'aperçoit vite que le manque est surtout un sentiment, une perception de l'esprit. Je connais des gens fortunés convaincus qu'ils n'ont pas assez pour vivre, et des gens de condition moyenne ou modeste qui vivent dans le contentement. Une amie a passé un an à voyager seule dans les villages des pays bouddhistes de Thaïlande, de Birmanie et du Népal, à jouir de l'accueil, du sourire et de la générosité de certaines familles qui vivent dans un grand dénuement. Elle m'a dit le choc brutal ressenti à son retour en France : le contraste entre l'abondance des biens et le sentiment de manque et de mal-être était pour elle incompréhensible, presque indécent.

Qui n'a jamais éprouvé, qui n'éprouve pas au

moins de temps en temps ce sentiment de manque, cette mentalité de pauvreté ? On se sent parfois démuni, en biens, en temps, en amour, que sais-je. On sent la pointe d'envie ou de jalousie au vu de la plus belle apparence, du plus grand succès réel ou supposé d'un proche dans tel ou tel domaine... C'est du reste l'attitude la plus courante dans notre culture hexagonale : « Quelque chose me manque, les autres possèdent davantage et en profitent, c'est injuste ; si seulement j'avais la maison du voisin, le superbe sac de ma collègue, la femme ou la voiture de mon ami, l'âge de mes enfants, le bonheur serait en vue... Mais voilà, je ne suis que moi, je me sens laissé pour compte, frustré ou insatisfait. »

On rencontre aussi parfois des gens qui ont une attitude de prospérité : ils se réjouissent sincèrement et naturellement du bonheur d'autrui, de ses succès ; ils ne sont pas avares de leurs biens, de leur temps. De ceux-là, on dit qu'ils sont heureux, et on aimerait leur ressembler. En effet, ils sont généralement bien entourés, ils mènent une vie riche d'échanges, ils peuvent compter sur leurs amis. Même si leur vie n'est pas facile, ils ont le contentement. Une de mes amies, Catherine, qui n'est pas bouddhiste, semble née douée de ces belles qualités : ainsi sa simple présence fait du bien et elle est appréciée de tous. Lorsque je pense à elle, je me dis parfois que beaucoup d'entre nous qui tenons des discours bouddhistes n'avons pas encore réussi à nous débarrasser de la mentalité d'envie et de pauvreté. J'aime ces clins d'œil espiègles de la vie… Ils nous rappellent de ne jamais nous croire supérieurs à qui que ce soit, et donc de ne pas juger les autres, de ne jamais nous croire « arrivés », mais plutôt de garder un esprit ouvert, prêt à apprendre sans cesse du monde.

Ici naturellement, je ne parle pas de se réjouir de la situation apparemment fortunée des gens qui ont acquis leur richesse ou leur pouvoir grâce à leurs méfaits, car leur destinée n'est guère enviable. Par ailleurs, le contentement ne signifie pas l'inaction, encore moins la résignation face à une situation injuste. C'est une attitude intérieure permettant au contraire de discerner clairement l'action, parfois énergique, qui peut être requise pour agir de façon appropriée. Nous en parlerons davantage un peu plus loin.

Sogyal Rinpoché mentionne souvent cette loi universelle : être généreux et se réjouir du bonheur d'autrui sont les chemins de la prospérité dans tous les domaines ; la jalousie, l'envie sont les plus sûrs moyens de rester pauvre et de rester en manque. En effet, un jaloux est-il un parti attirant ? Qui est enclin à vivre avec un pingre ? A-t-on envie d'un ami qui nous envie ? Qui embauchera pour composer une équipe celui qui fait cavalier seul et travaille uniquement pour son propre profit ?

L'une de mes amies, Laurence, garde tout l'été un petit refuge de haute montagne très haut perché près de Briançon à plus de trois mille mètres d'altitude, situé sur une plate-forme rocheuse au milieu des neiges éternelles. Elle tient toujours à offrir à ses amis un repas délicieux au terme d'une belle journée sur les cimes. L'ambiance qu'elle crée dans le refuge me rappelle ces paroles de « La Jeanne » de Brassens :

On est n'importe qui, on vient n'importe quand,
Et comme par miracle, par enchantement,
On fait partie de la famille...

Pour moi, Laurence est une belle image de la prospérité. Elle vit simplement, elle a la légèreté du chamois des montagnes, et même si sa vie est parfois difficile, elle est plus heureuse que certains riches propriétaires tourmentés par le souci d'acquérir et la crainte de perdre. En même temps, je connais des gens riches et généreux qui ont la capacité et le privilège de réaliser des choses remarquablement bénéfiques dans leur vie. Encore une fois, nous parlons ici d'une attitude intérieure largement indépendante de la condition matérielle que l'on peut avoir.

La clé du chemin de la prospérité est là, dans cette vérité simple et profonde : avoir une attitude de générosité et de richesse, se réjouir du bonheur d'autrui. Cette façon d'être ouvre la porte du champ des possibles et crée des circonstances favorables. Ici comme ailleurs, nous avons d'abord à transformer notre propre attitude. Nous devenons ainsi les artisans de notre propre bonheur.

Lecteur, puisque nous cheminons toujours de concert vers les lointaines cimes de l'éveil de l'esprit et du cœur, si nous commencions ensemble dès maintenant ?

EXERCICE PRATIQUE

Dans la mesure du possible, asseyons-nous sur un coussin ou une chaise, le dos droit, à l'aise et sans rigidité ; sinon, prenons une posture qui nous est confortable. Commençons par faire une pause, reposons tranquillement dans l'instant présent.

Considérons un ami ou un proche que nous aimons bien et avec qui nous avons un lien positif et sain. Pensons à un bonheur dont il jouit, petit ou grand : un objet désirable, un compagnon de vie agréable, la santé, des qualités humaines... Remarquons notre première réaction sans nous juger le moins du monde.

Maintenant, prenons un instant pour nous réjouir du bonheur de notre ami et souhaiter que ce bonheur, cette prospérité ne cessent de croître.

Puis souhaitons que d'autres êtres puissent jouir de ce même bonheur :

- Dans toute la maisonnée...
- Dans tout le quartier, dans toute la ville...
- Dans tout le pays, sur toute la planète...
- Tous les êtres vivants, y compris nous-mêmes qui partageons ce moment ensemble...

Maintenant, voyons comment nous nous sentons, et détendons-nous tranquillement dans cette atmosphère, quelle qu'elle soit.

Dans la vie courante, nombreuses sont les occasions d'adopter cette attitude. En ville nous passons devant de belles devantures, nous croisons des gens élégamment habillés, nous recevons des nouvelles d'amis en vacances dans des lieux magnifiques, nous pensons à des gens qui s'aiment, qui sont en harmonie... réjouissons-nous pour eux ! N'oublions pas à chaque fois de souhaiter que tout le monde puisse jouir d'une telle prospérité, de tels avantages. Tous... y compris nous-mêmes.

Il est particulièrement à propos de se réjouir des qualités humaines et des entreprises positives d'autrui. Par exemple, celles de gens comme sœur Emmanuelle, le dalaï-lama, Martin Luther King et tant d'autres... Plus près de nous, ce peut être un responsable politique qui profite de sa position pour contribuer au bien-être social, un ami qui consacre sa vie à aider, à instruire, à guérir...

Se réjouir ainsi crée, dans notre esprit et dans notre environnement, des conditions favorables qui nous permettront dans l'avenir d'accéder aussi à une situation similaire : une vie où nous serons en position d'être vraiment heureux, réellement utiles... À l'inverse, la jalousie et l'envie au vu de la réussite ou du bonheur d'autrui ferment les portes des circonstances et bloquent toute possibilité. Le bouddhisme parle de l'« interdépendance universelle » : nous ne sommes pas séparés du monde, nous sommes tous intimement liés ; notre bonheur n'est pas dissociable du bonheur d'autrui, notre souffrance non plus. Nous en parlerons davantage quand nous entreprendrons l'ascension des cimes de la sagesse.

Une objection est possible : s'il en est ainsi, pourquoi certains avares sont-ils si fortunés tandis que beaucoup de gens généreux et bons continuent à manquer de ressources ? Cela appelle deux réponses.

Premièrement, comme nous l'avons vu, les personnes riches ne sont pas nécessairement prospères : beaucoup se sentent pauvres, en état de manque. Celles qui profitent d'un certain bonheur sont celles qui se réjouissent pour autrui, qui savent utiliser leur fortune, leurs moyens pour aider. Quant à celles qui sont obsédées par leurs biens, voyez les difficultés et les complications dans lesquelles elles sont prises, sans compter la drogue, les procès, les suicides... Rares sont les personnes qui ont une mentalité de manque ou d'avidité et qui sont heureuses. Inversement, une personne généreuse qui se réjouit pour autrui trouvera bien plus facilement le contentement, l'amitié et le soutien, même si sa situation matérielle reste précaire.

Ensuite, il faut considérer qu'il y a un laps de temps entre une action et son résultat. Lorsque vous changez de cap, lorsque vous adoptez une nouvelle attitude, il est possible que les circonstances de votre vie ne semblent pas changer tout d'abord – un grand paquebot vogue longtemps sur son erre quand on coupe les moteurs… Cette évolution est progressive et demande de la patience : la vraie transformation est comme la croissance d'un être vivant ou d'un arbre, avec des poussées de sève, des paliers et des temps morts. Mais quand l'être grandit peu à peu et émerge progressivement des schémas habituels d'échec, le monde répond à cette transformation et les circonstances se mettent à changer.

Cher lecteur, c'est l'aventure d'une vie dont il s'agit ici, mes amis orientaux diraient même de nombreuses vies… Bonne route !

4.

Lâcher prise

« Dans l'esprit du débutant il y a de nombreuses possibilités,
Dans celui de l'expert il y en a peu.
Qu'est-ce que l'esprit du débutant ?
C'est un esprit ouvert, un esprit vide, un esprit prêt ».

Suzuki Roshi, *Esprit zen, esprit neuf*

L'un des spectacles les plus désolants de la vie sociale et politique est de voir des causes nobles, comme le souci de préserver la planète ou les entreprises humanitaires, ruinées par les dissensions internes de certaines organisations qui sont censées les servir, au point que l'on hésite à y adhérer. On est surpris par le fossé entre l'idéal proclamé et ce qui se passe réellement au quotidien dans certains mouvements, en termes de luttes de pouvoir, de combats d'ego, de corruption de la motivation initiale. C'est l'une des raisons qui m'ont poussé à me tourner vers le bouddhisme : y a-t-il moyen d'éviter de tels échecs ? Comment travailler sur nous-mêmes, nos stratégies, notre relation à l'autre pour ne pas gâcher notre motivation initiale et nos idéaux ?

Il y a quelques années, un collègue et moi-même désirions utiliser une même grande salle pour deux événements différents. Chacun pensait que son événement était le plus important et campait sur ses positions. Quelques jours plus tard, je commençai à être agacé et j'étais tenté d'imposer ma décision, de passer en force. Toutefois, une petite voix intérieure me disait que l'idée était mauvaise, car elle allait créer des problèmes relationnels avec ce collègue et nuire à la synergie d'équipe qui était très bonne à cette période. En outre, je ne souhaitais déclarer la guerre à personne. Au bout de deux jours, soudainement, je décidai de lâcher prise. Mentalement je lui laissai la salle et je me détendis. Je me sentis tout de suite beaucoup mieux. Quelques heures plus tard, la solution m'apparut d'elle-même sans que j'y réfléchisse : il était possible d'organiser les horaires de telle façon que nous puissions utiliser la salle tour à tour, en faisant chacun un effort d'ajustement. Je fus étonné que cette solution ne me soit pas apparue plus tôt, évitant ainsi tout conflit. Je découvris que la tension et l'obstination des jours précédents avaient fermé dans mon esprit la porte de toute autre possibilité que la voie du conflit. Lâcher prise m'avait permis d'ouvrir le champ des possibles et de trouver une solution sans perdant... que le collègue accepta avec empressement dès que je la lui proposai.

Cette histoire d'apparence relativement anodine a été pour moi riche d'enseignements. En effet, le même schéma se reproduit dans nombre de situations. Prenons les phrases suivantes et voyons si elles s'appliquent à nous dans certaines situations spécifiques de la vie :

• « Je suis certain que je n'y arriverai pas... »

• « Ce problème n'a aucune solution, les gens en question sont trop bornés... »

• « Il n'y a que cette façon possible pour arriver à tel objectif... »

• « J'ai défini ma ligne de conduite et je ne veux pas m'en écarter d'un pouce... »

• « Je me définis d'une certaine façon, convaincu que c'est ma réalité pour toujours... »

• « Un tel est incurable, il ne changera jamais de mentalité... »

Toutes les formes de psychorigidité sont autant de limitations que nous imposons aux autres, et surtout à nous-mêmes comme une sorte d'auto-emprisonnement. Lâcher prise, ici, ce n'est pas renoncer à notre projet, c'est exactement le contraire : laisser de l'espace pour que puisse se dévoiler naturellement le champ ouvert qui s'offrira à nous si nous voulons bien lâcher nos fixations habituelles.

Nous avons déjà probablement constaté chez les

autres ce phénomène ironique : c'est parfois leur propre entêtement à suivre une idée ou une direction manifestement fausses qui devient la cause de leur échec et les rend inaccessibles à toute aide extérieure. Maintenant gageons, avec une pointe d'humour, qu'il leur est arrivé de faire la même constatation à notre égard !

Pour prendre un autre exemple personnel, il y a de nombreuses années, j'ai eu dans deux cas très différents à faire face à une personne mal intentionnée à mon égard qui s'employait à me discréditer auprès de mon entourage. Elle avait réussi à me rendre la vie vraiment difficile. Confronté à cette situation, j'adoptai tout d'abord des attitudes assez prévisibles. Je me mis en colère, puis je tentai de pointer les faiblesses et les exagérations de cette personne afin que l'on cesse de lui accorder du crédit ; autrement dit, je m'employai à démontrer que j'avais raison en la critiquant. Ces cogitations ne favorisaient guère des nuits sereines et des journées tranquilles. Mais c'est l'*inutilité* totale de cette attitude qui m'étonna le plus. Je suis d'un naturel pragmatique, et n'ai pas de goût pour les complications stériles ; or mon entourage avait fini par se convaincre que c'est moi qui avais un sérieux problème avec la personne. Je perdais toute crédibilité dans mes interventions. Bref, j'étais dans une impasse. Finalement, après quelques mois, en reparcourant les enseignements bouddhistes que j'étais pourtant censé déjà bien connaître, je m'aperçus à ma grande surprise que j'avais occulté un point pourtant essentiel : *lâcher prise*. Dans ce cas, cela signifiait que cette personne était là de toute façon, elle existait et elle en avait le droit, je la laissais exister ; je n'étais pas sur terre pour cultiver le ressentiment ou les dissensions mais pour apporter l'harmonie, autant que possible, donc je lui souhaitais de trouver le bonheur et la paix, et je cessais de m'en inquiéter ; mentalement, je lâchais prise.

Le résultat fut rapide. Immédiatement, je ressentis un grand soulagement. Je me sentais plus léger, je dormais mieux. Il n'y avait plus la tension, l'inquiétude de ne pas arriver à mes fins – la maltraitance que je me faisais subir à moi-même. En outre, dans les deux cas, la personne en question cessa alors progressivement de me causer des problèmes. Mieux encore, mon entourage apprécia que je souhaite sincèrement le bien d'une personne qui me créait des difficultés.

Pour obtenir ce résultat, que fallait-il faire ? Rien de particulier. En fait, il fallait plutôt cesser de faire : lâcher mon obsession, ouvrir la main, abandonner l'hostilité. L'action et la parole justes en découlaient naturellement sans fabrications mentales compliquées. Un champ nouveau s'ouvrait : la possibilité de solutions sans perdant. Ce domaine m'était jusqu'alors inaccessible, car mon esprit était contraint et limité par les œillères de l'idée fixe.

Aujourd'hui, avec le recul du temps, je suis reconnaissant envers ces deux situations difficiles, car elles m'ont montré que le lâcher-prise est le seul espoir d'atteindre ce que j'appellerais la « liberté du cœur », un des biens les plus précieux pour la santé et la joie intérieures. Insistons un instant sur ce point : dans les deux cas, lâcher prise ne signifiait pas abandonner ; ce n'était pas la passivité ni le renoncement à ma dignité ou à mes droits au nom de la sérénité de l'esprit. Au contraire : ce fut le commencement d'une parole juste, d'une action appropriée et efficace. Pour qu'elles puissent naître, il fallait d'abord que je laisse de l'espace en abandonnant la crispation et l'animosité.

Comment lâcher prise et trouver l'action juste naturellement ? En déposant l'arsenal des rancœurs, des plans sophistiqués, des émotions vindicatives et en se mettant en disponibilité intérieure, en adoptant une attitude de bienveillance et de *nonchalance*, au sens étymologique du terme : peu me chaut, je ne m'en inquiète pas. Le dalaï-lama cite souvent une parole de Shantideva, grand saint bouddhiste du VIIIe siècle : « Si vous pouvez faire quelque chose pour résoudre un problème, inutile de vous inquiéter ; si vous ne pouvez rien faire pour le résoudre, il ne sert également à rien de vous inquiéter. » En tibétain, l'inquiétude se dit *sem né*, qui signifie littéralement « maladie de l'esprit ». Pourtant, la plupart d'entre nous avons été éduqués à croire que si l'on nous a maltraités, il faut garder du ressentiment sous peine d'être taxés de faiblesse, que face à un problème dans notre entourage, on doit s'inquiéter et se tourmenter si l'on ne veut pas être considérés comme irresponsables, indifférents ou insensibles.

Voyons ce que produit une telle attitude.

EXERCICE PRATIQUE

Pensez à une situation où vous vous êtes beaucoup fixé, accroché, presque désespérément, à une émotion ou à une situation difficiles – par exemple, la peur de perdre une chose ou une personne qui comptait beaucoup pour vous, ou bien le ressentiment à la pensée d'une injustice ou d'une blessure infligées. Choisissez une situation révolue où les choses se sont bien terminées.

Regardez comment vous vous sentiez à ce moment.

Examinez si votre attitude d'inquiétude ou d'acrimonie a été utile, pour vous ou pour d'autres personnes victimes de la même situation.

Évoquez maintenant le moment où vous avez lâché prise, volontairement ou bien parce que les circonstances ne vous en ont pas laissé le choix.

Regardez comment vous vous êtes senti à ce moment-là et comment les choses ont tourné, à court terme, à long terme...

Puis, sans poursuivre la réflexion, laissez un moment l'esprit reposer tranquillement.

Je vous suggère de répéter l'exercice avec quelques autres situations difficiles qui vous concernent ou bien impliquent d'autres personnes de votre connaissance.

Ce qui nous fait nous accrocher à nos scénarios mentaux compliquées, à nos ressentiments, c'est le plus souvent, au-delà de nos belles justifications rationnelles, l'*insécurité* : la peur de perdre, d'être malheureux, de ne plus exister, de se retrouver seul… C'est aussi la crainte de ne pas obtenir réparation, de laisser l'injustice impunie. Mais ironiquement, c'est précisément notre attitude obsessionnelle qui engendre la perte, la souffrance et l'impuissance.

À l'opposé, lâcher prise, c'est souhaiter le bien de tous et ouvrir la main. C'est faire confiance à cette loi fondamentale : si l'on adopte une attitude de bienveillance universelle, le fruit est inévitablement une amélioration pour tous. Nous nous sentirons plus légers, plus neufs, nous pourrons revivre ; c'est excellent pour la santé physique et la lucidité, et à plus ou moins long terme, la situation évoluera positivement. Même si nous vivons une perte ou une difficulté, plus tard nous verrons que cette circonstance nous a amenés plus loin dans les possibles de la vie que nous n'osions même l'imaginer, quand notre peur de l'inconnu nous poussait à nous cramponner. Pour un enfant, avoir un parent qui montre une attitude de responsabilité et de lâcher-prise à la fois, qui est présent tout en laissant l'espace d'être, qui n'engendre pas une atmosphère d'anxiété, quelle bonne fortune !

De nouveau, je sens venir une objection très naturelle : si l'on pardonne, si l'on lâche prise, si l'on souhaite du bien aux gens nuisibles, si l'on devient nonchalant, n'y a-t-il pas danger de démissionner, de ne pas obtenir justice, d'être définitivement la victime, le perdant ? Ne faut-il pas lutter, agir, et même parfois s'accrocher pour rétablir la vérité, la justice, la dignité – la mienne ou celle d'autres victimes ?

J'entends bien ce qui est en jeu et je l'approuve sans réserve. Il se trouve que le bouddhisme est fondamentalement engagé dans une solidarité active, déterminé à éradiquer la souffrance et les causes profondes de la souffrance. Non seulement il travaille à soulager momentanément les malheureux – comme on porte secours aux victimes d'une guerre ou d'une catastrophe, sachant qu'il y en aura d'autres –, mais il cherche à semer les graines de la cessation de la souffrance, des actes dont le fruit, plus ou moins lointain mais inéluctable, sera une paix durable pour soi-même et pour le monde. Il est résolument engagé et, quand la situation l'exige, son action est ferme et déterminée.

Mais comment obtenir ce résultat, précisément ? L'Occident est orienté vers l'action, et elle est nécessaire, pourtant a-t-on beaucoup d'exemples de stratégies, politiques, sociales, individuelles, qui ont éliminé durablement les causes premières de la souffrance ? Pensons à toutes les luttes pour la liberté des peuples ou pour des causes humanitaires, comme la faim dans le monde... Et posons-nous cette question : que faudrait-il de différent pour que ce soit plus efficace ?

Nathalie a souffert personnellement de la discrimination à l'égard des homosexuels. À l'adolescence, elle a connu le rejet. Maintenant elle agit pour faire évoluer les mentalités et les mœurs. Elle intervient devant différents publics, dans les établissements scolaires. Elle est sans agressivité, sans désir de revanche, animée d'un esprit de compréhension et de concorde. Elle parle simplement de la liberté d'aimer. Elle n'injecte pas le poison du ressentiment dans son discours, sa parole est comme une eau qui fertilise les terres qu'elle vient irriguer. Par sa façon d'être, elle fait tomber d'elle-même la tentation de la discrimination et donne naturellement le goût du respect de tous.

Quand on a lâché prise de la haine, de la discrimination et du ressentiment, quand on a pardonné, quand on est sans animosité, on trouve une clarté, un discernement, une énergie neuves qui nous donnent bien plus de force pour agir. On s'ouvre à une créativité nouvelle pour trouver les chemins de la réconciliation, les solutions où tout le monde est gagnant. Surtout, on sent dans nos propres fibres que notre action est bonne, au sens où une nourriture est saine : elle guérit, elle fait du bien, elle a le potentiel de faire croître les graines de bonheur durable – même si cela peut être long.

En matière de lâcher-prise, comme en toutes choses, le *discernement* est aussi extrêmement important ; sans cette qualité, tout ce dont nous avons parlé jusqu'ici – la pause, la pleine conscience, la générosité –, utilisé sans sagesse, peut conduire à l'effet inverse. Tous ces conseils ne sont pas des techniques ou des recettes que l'on appliquerait mécaniquement, mais des éléments d'une sagesse qui se développe dans l'intelligence pratique des situations de la vie.

La question n'est pas d'y croire ou non ; il faut essayer, examiner, tester, prendre le temps de s'aventurer à petits pas sur ce terrain jusque-là inconnu. La difficulté réside dans la conviction instinctive que si nous ouvrons la main, nous allons perdre. Au contraire, la vie nous montre que le lâcher-prise est le chemin de la liberté et du bonheur, tandis que la crispation et l'entêtement mènent à l'échec et à la frustration.

On pourrait objecter avec raison : « Tout cela est fort juste, j'admets, j'approuve même... Mais comment faire pour lâcher prise, pour pardonner, pour ne plus être anxieux ? Par exemple, je sais que la cigarette est nocive mais j'ai envie de fumer. Je sais que je devrais laisser aller ce ressentiment, lâcher cette obsession, mais je n'y arrive pas. Que faire ? »

La première étape consiste à reposer dans l'instant présent, apprendre à apprécier les moments simples vécus en pleine conscience, arroser les graines de la joie, devenir un ami pour soi-même : lorsqu'on se sent nourri et heureux, il est plus facile d'adopter la mentalité de richesse dont nous avons parlé, ainsi que la magnanimité du lâcher-prise. Une autre étape tout aussi cruciale, comme nous allons le voir, est le développement de l'esprit d'amour, qui est le cœur même de tout le chemin. À cette occasion, faisons une incursion dans un domaine particulièrement sensible en Occident : l'amour, la possessivité et l'attachement dans nos relations, qu'elles soient familiales, amoureuses ou amicales.

Partie II

Aimer

1.

Amour, attachement et culpabilité

> « Puissent tous les êtres jouir du bonheur et des causes du bonheur… »
>
> Parole du Bouddha

Mon enfance a été entourée d'amour. Mes parents m'ont toujours beaucoup aimé, et grâce à eux je n'ai pas souffert de séquelles psychologiques que laisse à l'âge adulte le sentiment d'avoir été mal aimé ou abandonné dans son enfance. Je leur en suis très reconnaissant, ainsi qu'à l'une de mes tantes, Jeannette, qui m'a toujours prodigué affection et tendresse avec un grand élan du cœur. Même si mon enfance a été difficile à certains égards, j'ai peu souffert de la jalousie en famille, contrairement à certains frères et sœurs qui se retrouvent en compétition ou en situation d'inégalité vis-à-vis de l'affection de leurs parents.

En revanche, je me suis progressivement aperçu d'une chose étonnante : l'amour, ou plutôt les mots « amour », « Je t'aime » étaient dans la bouche de mon entourage des termes à la signification extrêmement étendue, aux sens très différents et aux effets très variés, selon la personne qui les employait. Pour prendre un exemple pittoresque, songez à l'amour de saint François pour les animaux, les lapins par exemple, et comparez-le au gourmand qui dit avec un large sourire : « J'aime le lapin ! » Vous conviendrez que du point de vue du lapin, la même expression recouvre des intentions à son égard redoutablement différentes... Or, quand on y réfléchit à deux fois, cette boutade décrit assez bien certaines situations réelles de la vie.

J'ai souvent ressenti, lors d'une déclaration d'amour par un membre de la famille, ou plus tard par une amie, le petit pincement au cœur qui accompagne l'intuition fugitive de complications à venir, presque comme une dette que l'on contracte et qu'il va falloir gérer... à l'opposé du sentiment de bonheur et de plénitude que l'on serait en droit d'espérer à l'écoute d'une annonce aussi prometteuse.

C'est que parfois l'amour nourrit, libère, fait grandir – parfois il entrave ou étouffe, il rend débiteur, il donne même envie de prendre ses jambes à son cou...

Lecteur, prenez quelques minutes pour vous interroger : l'amour est-il pour vous associé à l'air vif des montagnes ? Ou bien à un édifice complexe menaçant de se lézarder ou de s'écrouler sur vous ? Réfléchissez à un moment de votre vie où une personne vous a dit qu'elle vous aimait. Cela voulait-il dire : « Je t'aime inconditionnellement » ? « Je t'aime si tu m'aimes » ? « J'ai besoin de toi » ? « Je serai terriblement malheureux si tu ne t'occupes pas de moi » ? « Je te veux pour moi » ? Quoi d'autre ?

Ayant constaté que la signification réelle de cette belle expression, « Je t'aime », est plutôt vaste et contrastée, je me suis posé sérieusement la question : que veut dire vraiment aimer, au-delà des clichés de toutes sortes ?

Ensuite, comme je le racontais au début de ce livre, à l'âge de vingt-deux ans, j'ai entendu mes amis chrétiens parler de l'Amour, directement inspiré par Dieu, de la parole « Aime ton prochain comme toi-même », de l'amour inconditionnel et universel de saint François... C'était magnifique, mais malheureusement difficile à vivre concrètement : sublime, mais lointain. En tout cas, un idéal à garder dans mon cœur, en attendant de pouvoir le vivre... et à condition de commencer par s'aimer soi-même, se réconcilier intérieurement !

Peu après, j'ai rencontré le bouddhisme et entendu pour la première fois cette phrase, qui revient dans la plupart des textes traditionnels, cette définition que le Bouddha donne de l'amour, *maitri* en sanscrit, qui est de souhaiter le bonheur de l'autre : « Puissent tous les êtres jouir du bonheur et des causes du bonheur… » Ma première réaction fut l'étonnement. Ni dans l'expérience affective de l'enfant, de l'adolescent ou du jeune homme, ni dans les livres que l'Occident avait mis entre les mains de l'écolier puis de l'étudiant que j'avais été, le mot « amour » n'avait cette signification, me semblait-il. L'amour serait donc tout simplement souhaiter le bonheur de l'autre… Cela, oui, je l'avais vu, mais avec tellement de conditions, de peurs et de complications émotionnelles que le bonheur en question s'en trouvait fort compromis. Quant aux causes profondes d'un bonheur durable, il me semblait que presque personne n'en avait la moindre idée.

Le pire dans ce domaine me paraissait être le sort des héros de romans, pour qui l'amour est souvent une cause de malheur, voire de désastre, même s'il est parfois associé à des idéaux nobles. C'est évident chez les romantiques, qui sont les champions toutes catégories du malheur en amour, mais même un auteur comme Stendhal par exemple, qui pourtant aimait à la fois l'amour et le bonheur, réserve finalement à ses jeunes héros amoureux, après quelques moments de bonheur fou, une destinée peu enviable. Le sort de Roméo et Juliette me faisait horreur, celui de Fabrice et Clélia ne me tentait guère non plus. Pourquoi une telle malédiction semblait-elle ainsi attachée à la relation amoureuse en littérature ?

Voyons de plus près ce que le Bouddha entend par « amour » : c'est souhaiter à l'autre le bonheur et les causes du bonheur *sans condition*, vouloir qu'il soit heureux et lui souhaiter, lui procurer si possible les causes de ce bonheur. Mais celles-ci, encore faudrait-il déjà les connaître pour pouvoir les donner... Combien de parents adorent leurs enfants mais ressentent confusément l'incapacité à leur apporter les éléments qui les mettront sur le chemin d'un bonheur durable ? Combien, souffrant de ne le pouvoir, compensent cette carence en faisant preuve d'un excès de prudence sur des détails matériels sans importance, ou bien en les inondant d'objets futiles ou de nourritures nocives, dans une tentative pathétique de les combler par une consommation effrénée ?

Alors, par où commencer ? Comment faire les premiers pas sur le chemin qui mène à cette cime lointaine, l'amour qui libère, l'amour qui apporte à l'autre un bonheur durable, l'amour qui comble sur le long terme ?

Selon le Bouddha, il faudrait d'abord s'aimer soi-même pour aimer les autres : « Si vous cherchez dans le monde quelqu'un de plus digne de votre amour que vous-même, vous n'en trouverez pas. Quiconque s'aime lui-même ne fera jamais de mal à autrui. » Et Jésus, bien sûr, nous dit : « Aime ton prochain comme toi-même. »

Autrement dit, aime-toi toi-même, d'un amour sain : donne-toi les véritables causes du bonheur. Tous les éléments que nous avons explorés jusqu'ici

– la pause, la pleine conscience du présent, la générosité, la mentalité de richesse, le lâcher-prise – y contribuent. En fait, tout le chemin consiste à adopter les causes du bonheur. D'où cette constatation fondamentale : tout le chemin est de l'amour ; il s'agit d'apprendre à aimer, à devenir ami avec soi-même, à passer du temps de qualité avec soi-même… Sinon, l'amour que l'on donnera autour de soi ne fera pas de bien, ou en tout cas ne fera pas que du bien ; il sera aussi cause de souffrance pour soi comme pour l'autre. Cela, nul besoin de le démontrer : nous avons expérimenté à nos dépens à maintes reprises la frustration d'aimer et en même temps de sentir le décalage, l'incompréhension, le tourment, le conflit…

Insistons sur un point crucial pour l'ensemble du chemin que nous parcourons ensemble : *il s'agit toujours de prendre conscience, jamais de se condamner ou de se culpabiliser*. Devenir conscient est au cœur de la démarche bouddhiste. Ne pas se juger est aussi fondamental. Le Bouddha n'était pas un juge ou un moraliste, mais un médecin de l'esprit et du cœur. Il réalisa que le symptôme universellement répandu était le mal-être, *duhkha* en sanscrit, que la cause racine du mal était l'ignorance et les tendances destructrices. Toute sa « pharmacopée » est basée sur une prise de conscience libre de jugement. Par là, on développe la faculté de connaître clairement sans juger, sans condamner, sans commenter, sans échafauder telle ou telle interprétation.

Nous allons maintenant prendre quelques minutes pour réfléchir à la façon dont nous aimons, ce qui nous permettra d'aborder ensuite la distinction entre amour et attachement en la reliant à notre expérience personnelle.

EXERCICE PRATIQUE

Revenons à la pleine conscience de l'instant, en laissant l'esprit en repos, tranquillement attentif au souffle qui va et vient, ou à un autre objet… ou bien simplement à l'instant présent.

Puis pensons à une personne que nous aimons et à qui nous témoignons les marques de cet amour. Nous allons réfléchir sur nos attitudes envers elle, qui peuvent varier selon les moments et les situations.

Qu'attendons-nous en retour de cette personne ?

L'aimons-nous à condition qu'elle se comporte de façon à assurer notre propre bonheur ? De quelle façon ?

Exerçons-nous une forme ou une autre de négociation ou de manipulation plus ou moins subtile pour nous assurer qu'elle se comporte comme nous le souhaitons ?

Souhaitons-nous inconditionnellement son bonheur ?

Lui souhaitons-nous aussi de trouver les vraies causes d'un bonheur durable ?

Cette réflexion nous a-t-elle apporté une prise de conscience nouvelle ?

Maintenant, pour servir de base à notre réflexion, je propose la différenciation suivante : *aimer, c'est souhaiter le bonheur de l'autre ; être attaché, c'est dépendre de l'autre pour son bonheur à soi, et attendre de lui qu'il y contribue.*

Bien sûr, cette distinction entre amour et attachement est un raccourci qui cache l'infinie variété des situations. Naturellement, dans les situations amoureuses, familiales ou amicales, amour et attachement sont le plus souvent mêlés. On peut aimer sincèrement, intensément et en même temps éprouver possessivité et attachement au plus haut point… C'est d'ailleurs ce qui se passe presque toujours, et c'est pourquoi le mot « attachement » est devenu pratiquement synonyme d'« amour » dans le langage courant. Sogyal Rinpoché dit souvent que l'une des grandes missions de la vie est d'abandonner l'attachement, qui est cause de souffrance, et de s'acheminer vers l'amour inconditionnel, car, poursuit-il avec une logique irréfutable, quand le temps viendra de se séparer – quand les enfants partiront, quand la séparation ou la mort surviendra –, seul comptera l'amour inconditionnel…

Certes, mais comment faire ? Jeune homme, je me suis vite aperçu que l'attachement, avec son cortège d'attentes et de frustrations, accompagnait presque systématiquement le sentiment amoureux. J'ai dû attendre la découverte du bouddhisme pour commencer à établir une relation plus saine avec moi-même, et grâce à la pratique de la pleine conscience, ressentir davantage l'aise et le bien-être au quotidien ; alors l'emprise de l'attachement est devenue de moins en moins forte. Mais sommes-nous capables, dans nos sociétés, de trouver l'harmonie intérieure où l'on devient pour soi-même un véritable ami ? Sur ce thème crucial, il faut mentionner une difficulté très répandue : le sentiment de honte, de culpabilité, de dévalorisation, voire de haine de soi qui nous habite parfois. Lorsqu'on parla au dalaï-lama pour la première fois de la haine de soi, il crut à une erreur de traduction et vérifia auprès de son interprète. La chose faite, il demeura muet d'étonnement quelques instants, car ce syndrome psychologique est inconnu dans la société tibétaine traditionnelle. En revanche, nos sociétés occidentales ont un lourd passif dans ce domaine. N'ayant pas eu d'éducation catholique, je n'ai jamais dû, comme mes parents et leurs ancêtres, confesser chaque semaine quelques péchés au curé de la paroisse ni prendre l'habitude de me considérer comme coupable, mais il m'arrive parfois d'être pris d'une bouffée de regret, de malaise ou de honte à la pensée d'une scène du passé, comme un relent désagréable venu des profondeurs. Ici encore, l'approche bouddhiste m'a ouvert un chemin pour sortir de cette ornière.

Il est capital de souligner ici la différence entre culpabilité et responsabilité. La première contribue souvent à affaiblir notre estime de nous-mêmes, à nous paralyser et à nous maintenir dans un état négatif : c'est un piège de la négativité pour mieux nous maintenir sous son emprise. En revanche, la responsabilité personnelle et universelle est une des valeurs fondamentales de l'éthique bouddhiste.

Voici une approche efficace pour en finir avec un comportement identifié comme négatif :

- Je prends conscience du comportement négatif et j'en accepte la responsabilité, *sans m'identifier à lui.*
- Je comprends clairement comment il se produit et comment l'éviter.
- Je mets en place la résolution de ne plus me laisser prendre à l'avenir.
- Cela fait, je cesse complètement de me juger ou de m'appesantir sur le passé.

Très concrètement, l'attitude de la pleine conscience va nous aider pour cette quatrième étape. Lorsque des sentiments de honte ou de regret, des sensations de malaise s'élèvent, accueillons-les pleinement ; sans les commenter, sans leur donner du pouvoir en nous identifiant à eux, laissons-les passer tout simplement comme des vagues qui se dressent, passent et retournent se fondre dans l'océan. Ainsi, progressivement, nous commençons à nous apercevoir que tous ces états mentaux sont seulement des phénomènes changeants que nous pouvons laisser venir et partir librement, sans nous y impliquer. Ils ne font pas partie de nous, ils ne nous appartiennent pas. *Si on peut les accueillir et les laisser tels qu'ils sont, sans les suivre, sans y croire, sans s'identifier à eux, on en est libre.*

Ces quatre étapes, qu'il faut suivre pas à pas, sont une façon très saine de sortir d'une ornière mentale ou comportementale, tandis que la culpabilité nous embourbe davantage. Leur découverte a été une révélation pour moi, et je les utilise régulièrement avec grand profit après un échec ou une erreur afin d'éviter de me laisser engluer dans des remords stériles et trouver l'énergie pour progresser.

Le bouddhisme ne condamne pas, il amène à devenir conscient, simplement : « Je suis ainsi, je pense de cette façon, j'ai tel schéma. J'en prends pleinement conscience, je n'essaye pas de l'occulter. Et je m'accepte complètement, avec douceur et compassion. Mon humanité, ce sont mes points forts, mais aussi mes échecs, mes fragilités, mes faiblesses. » Le christianisme évangélique illustre de façon poignante comment l'humanité la plus profonde se révèle dans la fragilité et même le désespoir. Nous verrons un peu plus loin les pratiques visant à guérir et à se réconcilier avec soi-même, mais la pierre d'angle de cet acte de réconciliation, c'est l'accueil, l'acceptation totale de tous les aspects de notre être. Se dire OUI, inconditionnellement et une bonne fois pour toutes. Être ouvert complètement et accueillant envers soi-même comme on vise à le faire avec ceux que l'on aime... et s'employer à relâcher la dureté particulière que l'on se réserve parfois à soi-même, avec toutes ses variantes : culpabilité, jugement, honte, etc.

Je me souviens d'une journée où, ayant appris une mauvaise nouvelle, j'étais vraiment inquiet. Je marchais de long en large, j'essayais diverses occupations, mais rien n'y faisait... Soudain je me souvins de quelques phrases lues dans un livre d'un maître zen sur la posture de méditation : il disait que face à une difficulté, seule cette posture, assis jambes croisées et dos droit, pouvait nous donner la force et la stabilité pour faire face. Je pris la posture et regardai simplement l'émotion, en la laissant être sans commentaire mental. Ce fut vraiment surprenant : après quelques minutes, l'anxiété passa et je me trouvai capable de voir clairement quelle meilleure solution adopter. Même si c'est difficile, il est vraiment possible de ne pas rester identifié aux affects, mais de lâcher prise et de voir qu'ils sont seulement des phénomènes passagers ; peut-être reviendront-ils, et la pratique pourra alors être renouvelée...

Quelle perspective exaltante de liberté ! Une voie s'ouvre à moi pour cesser progressivement d'être esclave de mes pensées, de mes émotions, de mes schémas, des fantômes hérités du passé. Il est possible d'être neuf, d'être jeune, chaque jour de ma vie. Cette liberté, je vais la voir poindre au loin comme la première lueur de l'aube, mais il me faudra marcher encore longtemps avant qu'elle commence à se lever et à éclairer ma vie. Il s'agit ici de transformer une de nos habitudes les plus enracinées, consistant à nous identifier avec nos pensées et nos émotions qui nous limitent, nous alourdissent et nous inhibent. Nous nous entraînons à considérer toutes ces pensées discursives comme de simples pensées, à les laisser passer sans nous y identifier et à établir notre être dans la pleine conscience pure du présent.

Parvenus à ce point, certains pourraient se montrer perplexes : « Mais si je ne suis pas mon passé, si je ne suis pas mes pensées, mes émotions, mes jugements, si je ne puis plus définir mon identité par mes racines, par mes souffrances, à quoi me fier ? J'ai peur de perdre pied, tout cela va un peu vite, j'ai besoin d'un point d'appui. Qui suis-je vraiment ? »

Patience, nous sommes seulement au début du voyage. Face au vertige, le montagnard ne fixe pas ses pieds mais lève le regard vers les cimes lointaines qui commencent à resplendir sous le soleil du matin. Il n'y a rien à craindre, seulement à découvrir, lentement, qui nous sommes réellement. Et nous y arrivons doucement…

2.

La pratique de l'amour bienveillant

> « Jamais la haine n'apaise la haine,
> Seul l'amour apaise la haine.
> Cela est la loi, ancienne et inaliénable. »
>
> Parole du Bouddha

Cinq siècles avant l'avènement du christianisme, une nuit en Inde, le Bouddha enjoignit à ses disciples d'aller méditer dans une forêt. Mais elle était habitée par les esprits des arbres qui, mécontents de l'arrivée des moines, tentèrent de les éloigner par toutes sortes d'apparitions effrayantes. Apeurés, ils s'enfuirent et supplièrent le Bouddha de les envoyer méditer ailleurs. Il leur répondit qu'il les enverrait de nouveau dans la même forêt la nuit suivante, mais avec la seule protection dont ils aient besoin : la pratique de l'amour bienveillant. Les moines retournèrent dans la forêt avec un esprit d'amour, répétant mentalement cette phrase : « Puissiez-vous être heureux, puissiez-vous être bien, puissiez-vous être en sécurité. » L'histoire raconte que les esprits furent tellement touchés de leur intention pure et de leur énergie bienveillante qu'ils cessèrent toute hostilité et devinrent des protecteurs de la communauté.

Cette histoire traditionnelle conte l'origine de l'une des plus importantes pratiques bouddhistes : l'amour bienveillant. Ici, étonnamment, l'amour est présenté comme une protection efficace contre la peur. Certes, aucun politicien, aucun parent ou grand-parent inquiet, aucun vendeur d'alarmes ou de clôtures, aucun psychologue, en fait personne de ma connaissance ne me semble avoir pensé à une telle protection. Pourtant, voilà un moyen gratuit, toujours disponible, simple, léger, bon pour la santé, sans effets secondaires… J'ai tout de suite eu envie d'essayer. Non que j'aie jamais été d'un naturel particulièrement craintif, mais l'insécurité sous toutes ses formes fait partie de la condition humaine, et il n'est pas difficile de voir qu'elle est à l'origine de tous les scénarios générateurs de souffrance : la méfiance, les barrières que l'on érige, l'insensibilité et son cortège de maux, sans parler de la peur aiguë de l'agression directe physique et verbale, par des criminels mais aussi par certains membres de notre entourage.

J'ai mis à l'épreuve cette pratique dans des situations de tension, en présence de personnes instables ou agressives. Lorsque j'ai répété silencieusement cette phrase : « Puissiez-vous être heureux, puissiez-vous être bien, puissiez-vous être en sécurité », j'ai éprouvé un soulagement immédiat. J'ai su, bien qu'il soit difficile de dire pourquoi ou comment, que les choses ne tourneraient pas mal, et j'ai senti la confiance revenir. Je n'ai pas été agressé, et dans bien des cas, la situation a eu tendance à se calmer, ou du moins rien d'irréparable n'a été commis. J'ai aussi connu la situation inverse : face à une menace réelle ou imaginée, la peur ou l'agitation me prenait au point que l'idée même d'essayer la pratique ne me venait absolument pas à l'esprit.

Lecteur, nous voici proches d'une étape cruciale sur le chemin. Face à la peur, à l'insécurité, le défi est de lâcher le cortège familier des stratégies défensives, comme une armure encombrante qui nous isole en nous étouffant : la méfiance, la dureté, la fermeture. Nous pouvons répondre à une attitude négative par l'amour : « Toi qui es pris au piège de cette grande souffrance, l'agressivité, la haine, la méchanceté, le préjugé, puisses-tu être heureux, puisses-tu être bien, puisses-tu être en sécurité. Puisses-tu être libre de la souffrance et de ses causes. » Il suffit de répéter ces phrases mentalement.

La force de cette pratique toute simple est qu'elle remplace la peur en occupant notre esprit, et en l'habitant, elle le colore de bienveillance. Dans la tradition bouddhiste, l'esprit est comparé à un cristal qui prend la couleur du tissu sur lequel il est posé. Dans les situations difficiles, la plus grande cause de fragilité est l'activité mentale chaotique qui s'installe, les pires scénarios qui se succèdent précipitamment dans notre esprit, la recherche fébrile d'une solution... Cette pratique va servir d'antidote et inverser le processus.

Je vous propose de l'essayer dès aujourd'hui dans les situations troublées, chaque fois que vous vous sentez menacé. L'évocation des esprits de la forêt que les moines eurent à affronter peut prêter à sourire, mais il est indéniable que dans notre monde contemporain nous affrontons quotidiennement quantité d'influences malveillantes ou menaçantes. Les lieux hantés d'autrefois pourraient bien trouver un équivalent moderne dans certaines villes, certains quartiers, certaines maisons... De nombreux adeptes du bouddhisme pratiquent ainsi dans des hôpitaux, des entreprises ou des établissement scolaires difficiles, et réussissent parfois des aventures humaines merveilleuses.

S'il est possible de faire cette pratique dans toutes les situations de la vie, on peut commencer à s'exercer formellement dans un espace tranquille où l'on se sent en sécurité. On s'installe confortablement, on évoque des gens de notre entourage ou une situation particulière et on répète les phrases mentalement en boucle. Au début, il arrive que la pratique soit quelque peu mécanique, sans ressenti véritable, mais même ainsi, elle remplace le bavardage mental perturbant par des paroles apaisantes et transforme l'esprit. Nous verrons bientôt comment avancer progressivement, en commençant par des personnes aimées, et en étendant la pratique aux gens neutres, puis aux personnes difficiles, pour finalement englober tous les êtres vivants.

Une objection peut survenir : « Assurément, pour certains, cette pratique doit être merveilleuse, mais quand je me sens moi-même indigne, blessé, déprimé, le cœur sec, quand je n'ai pas d'amour à donner, quand je voudrais tant en recevoir un peu, que faire ? Comment commencer ? »

En fait on peut aussi diriger cette pratique sur soi-même, il est même conseillé de commencer ainsi. À chaque fois que l'on doute de soi, que l'on se sent fragile, blessé, souffrant, plutôt que se condamner ou désespérer, on s'installe confortablement et on se répète cette phrase : « Puissé-je être heureux, puissé-je être bien, puissé-je être en sécurité. » Lorsque j'ai essayé pour la première fois, j'ai été étonné du sentiment très curieux de gêne, presque de ridicule, que j'ai ressenti... et j'ai mesuré à quel point on n'est pas habitué à être tendre avec soi-même. La religion chrétienne ainsi que la morale républicaine laïque nous enjoignent d'aider les autres, de leur porter assistance moralement et physiquement ; les causes humanitaires sont nombreuses, elles sont bien considérées dans nos sociétés et c'est heureux. Mais se souhaiter le bonheur, s'aimer soi-même, dans notre univers culturel, n'est-ce pas assimilé à de l'égoïsme ? Le mot « amour-propre » dans son acception courante n'est-il pas synonyme de fatuité, d'orgueil ? Pascal dit que « le moi est haïssable », et même Victor Hugo, qui marque pourtant ses distances avec l'institution religieuse, est pris dans cette dualité en affirmant clairement dans *Les Misérables* que si on pense à son propre bonheur, on oublie nécessairement les autres, on devient irresponsable.

Et pourtant, bien avant les philosophes occidentaux, bien avant l'Église catholique, bien avant la morale républicaine laïque, le Bouddha disait cette parole essentielle que nous avons déjà citée : « Si vous cherchez dans le monde entier quelqu'un de plus digne de votre amour que vous-même, vous n'en trouverez pas. Quiconque s'aime lui-même ne fera jamais de mal à autrui. »

Lorsque je pense à cette maxime, j'y adhère volontiers : sans aucun doute, comme compagne, comme ami, comme collaborateur, je préfère quelqu'un qui s'aime et s'estime lui-même sainement plutôt qu'un individu rongé par le conflit intérieur, même s'il apparaît très soucieux du bien d'autrui, surtout du mien… Je reconnais volontiers que je n'ai aucun goût pour les ambiances malsaines, les situations compliquées et les scénarios pervers. Ce désintérêt est terriblement démodé, j'en suis conscient, mais j'ai envie ici de citer Molière : « Le méchant goût du siècle en cela me fait peur ! » Je sens intuitivement, chaque fois que j'y suis confronté, qu'une personne qui n'est pas un tant soit peu réconciliée avec elle-même est potentiellement problématique ou toxique, même si elle se croit animée de bonnes intentions – si le médecin qui vient vous soigner est compétent mais souffre lui-même d'une grippe fort contagieuse, la situation devient plutôt épineuse, vous en conviendrez !

Revenons à notre phrase : « Puissé-je être heureux, puissé-je être bien, puissé-je être en sécurité. » On peut aussi la répéter silencieusement dans un demi-sommeil, quand on est aux prises avec un cauchemar ou des idées obsédantes. Une telle pratique coupe court aux pensées confuses et on retrouve le repos. À chaque fois que l'on est en proie à des ruminations dévalorisantes pour nous-mêmes, le dépit, la honte de soi, etc., la pratique est très utile. Comme je le disais plus haut, tout cela va à l'inverse de nos tendances habituelles ; j'ai ainsi rencontré, dans les milieux spirituels et humanitaires, des gens très dévoués et animés des meilleures intentions, mais qui n'arrivaient pas à recevoir, à se nourrir eux-mêmes et finissaient par perdre courage ou par s'épuiser.

On l'a vu, on peut approcher cette pratique de deux façons : garder ces phrases à l'esprit et se mettre à les répéter mentalement dans les diverses situations de la vie évoquées plus haut, mais aussi faire cette pratique formellement, installé confortablement, si possible le dos droit sur un coussin ou une chaise, ou bien dans tout autre posture qui nous convient. Lecteur, je vous propose maintenant la pratique complète et détaillée. Vous pourrez la laisser se dérouler entièrement en une seule session ou bien parcourir chaque partie séparément, et l'adapter à votre convenance.

EXERCICE PRATIQUE

Première partie : l'amour bienveillant pour une personne aimée

Dans la mesure du possible, asseyons-nous sur un coussin ou une chaise, le dos droit, à l'aise et sans rigidité ; sinon, prenons une posture qui nous est confortable. Commençons par faire une pause en laissant l'esprit en repos dans l'instant présent ; comme nous l'avons vu auparavant, nous pouvons nous centrer sur les sensations corporelles, le souffle ou bien un autre objet d'attention, pour nous aider à pacifier l'agitation de l'esprit.

Maintenant, pensons à une personne que l'on a aimée, ou que l'on a réellement aidée, à qui on a réussi à apporter un certain bonheur, petit ou grand ; ce peut être un simple sourire donné ou reçu... Revenons au souvenir de cette personne, pensons à des situations vécues. Il est aussi possible d'évoquer un animal domestique qui nous est cher.

Pensons ensuite à tout ce que nous lui souhaitons, tous les vœux que nous pouvons formuler à son égard.

Puis condensons tous ces souhaits dans cette phrase : « Puisses-tu être heureux, puisses-tu être bien, puisses-tu être en sécurité. » Répétons-la silencieusement dans notre esprit, en laissant rayonner l'esprit d'amour vers la personne.

Laissons l'esprit reposer sans activité dans l'instant présent.

Deuxième partie : l'amour bienveillant pour soi-même

Imaginons maintenant que la personne à laquelle nous avons pensé se retourne vers nous et nous dise : « Et toi, que puis-je te souhaiter ? » Imaginons en détail tous les souhaits, petits et grands, qu'elle peut formuler pour nous.

Puis condensons tous ces souhaits en cette phrase : « Puissé-je être heureux, puissé-je être bien, puissé-je être en sécurité. » Répétons-la silencieusement, et sentons-nous nourris, enrichis par ces pensées bienveillantes pour nous-mêmes.

Laissons l'esprit reposer librement dans l'instant présent.

Troisième partie : la pratique complète

Une fois ces deux étapes parcourues, évoquons des personnes de notre entourage que nous aimons bien. Répétons mentalement à leur intention cette phrase : « Puissiez-vous être heureux, puissiez-vous être bien, puissiez-vous être en sécurité. » On peut inclure dans notre pratique les êtres chers malades, en fin de vie ou décédés.

Évoquons maintenant des personnes indifférentes, que nous croisons peut-être parfois sans leur prêter attention : les passants, les commerçants, les collègues… Répétons mentalement à leur intention cette phrase : « Puissiez-vous être heureux, puissiez-vous être bien, puissiez-vous être en sécurité. »

Puis pensons à des gens que nous considérons comme nuisibles, par exemple certaines personnes de notre entourage qui nous ont peut-être blessés, ou bien certains personnages publics qui ont une action destructrice sur la société. La véritable cause en est l'ignorance ; ces êtres sont pris dans de fortes émotions négatives telles que la convoitise, la méchanceté, les préjugés et l'aberration mentale, qui sont pour eux-mêmes et les autres sources de souffrances présentes ou à venir. Répétons mentalement à leur intention ces phrases : « Puissent-ils être libres de la souffrance et des causes de la souffrance. Puissent-ils trouver l'apaisement et les causes du bonheur. »

Finalement, évoquons tous les êtres à l'infini, vivants ou décédés, en tous lieux et en tous temps. Répétons mentalement à leur intention cette phrase : « Puissiez-vous être heureux, puissiez-vous être bien, puissiez-vous être en sécurité. » Notre esprit d'amour est devenu universel, illimité.

Abandonnons la pratique et laissons l'esprit reposer librement dans l'instant présent.

Précisons un point important concernant la première étape de la pratique, où l'on évoque une personne qui éveille l'amour en nous. Ce peut être très différent pour chacun : la rencontre d'une personne rayonnante, un proche, un parent ou un enfant, l'évocation du Christ, du Bouddha, d'un maître spirituel ou d'un saint, un sourire partagé, un animal qui nous est cher, un moment de plénitude en écoutant de la musique ou devant un beau paysage. Il s'agit de choisir ce qui ouvre notre cœur.

Lorsqu'on entreprend cette pratique, on rencontre parfois de fortes résistances dues aux tendances habituelles héritées du passé. On peut aussi, tout simplement, se sentir légèrement ridicule : c'est tellement inhabituel... Imaginez l'animatrice du journal télévisé guidant une telle pratique pour les téléspectateurs à l'intention des victimes des catastrophes qu'elle vient de nous exposer complaisamment avec force détails macabres ! Il est important d'être souple et indulgent avec soi-même, de garder le sens de l'humour, de continuer à essayer à différents moments, dans différentes humeurs, sans forcer mais sans renoncer. Il m'arrive fréquemment de n'être guère inspiré pour faire cette pratique sur mon coussin, mais soudain j'apprends une nouvelle, je reçois un coup de fil d'un ami, j'écoute les informations et spontanément la fameuse phrase me vient comme une réponse naturelle. Ces pratiques ne sont pas une technique, mais plutôt un art : elles font appel à la sensibilité naturelle et ne se plient guère à une discipline stricte. Néanmoins, la seule discipline nécessaire ici est de continuer à s'exercer dans différents moments, différents environnements, de ne pas abandonner et rester créatif.

Parlons un instant de la difficulté de pratiquer avec des personnes malveillantes, qui ne semblent guère mériter l'amour que nous sommes censés leur envoyer. À travers ma propre expérience et surtout celle de personnes ayant souffert de graves abus, une vérité difficile à entendre mais pourtant incontournable s'est imposée à moi : la seule façon d'empêcher durablement ces gens de nuire est de guérir la vraie cause du mal, qui est l'ignorance et les tendances destructrices qui les animent ; voilà pourquoi on doit souhaiter qu'ils soient libres de la souffrance, qu'ils trouvent en eux apaisement et bien-être. C'est aussi pour nous la seule façon d'entrer en résilience, de ne pas vivre avec le poison du ressentiment, de sortir victorieux de leurs penchants néfastes. À l'inverse, si on en vient à les détester ou à vouloir se venger, ce sont eux qui nous ont vaincus ! En effet, leur malveillance nous a contaminés, et rien n'est résolu, au contraire le cercle vicieux est enclenché. Néanmoins, s'il nous est tout simplement impossible de le faire, si des émotions trop difficiles à affronter apparaissent, laissons et revenons à l'amour bienveillant pour nous-mêmes. Commençons à nous familiariser en pratiquant sur des cas relativement bénins.

Logique simple et irréfutable… mais combien difficile à mettre en œuvre ! C'est la tâche de toute une vie : remplacer progressivement l'esprit de frustration ou de revanche par l'esprit de bienveillance universelle. Pour notre bien, pour celui de tous.

3.

Donner et recevoir

> « Si vous vous sentez étranger en présence de la personne souffrante, en proie à l'amertume ou au désespoir, la pratique de *tonglen*, donner et recevoir, vous aide à trouver en vous, puis à manifester le rayonnement vaste et plein d'amour de votre nature véritable. Je ne connais pas de pratique plus efficace pour détruire la fixation égocentrique, l'amour de soi immodéré et l'auto-absorption de l'ego, qui sont la racine de toute notre souffrance et de toute notre dureté de cœur. »
>
> Sogyal Rinpoché,
> *Le Livre tibétain de la vie et de la mort*

Pour certaines personnes, donner et recevoir est aussi naturel que marcher ou respirer. D'autres éprouvent une facilité naturelle à donner et plus de difficulté à recevoir. Parfois aussi, il est difficile de donner une bienveillance, une chaleur qu'on ne ressent pas en soi-même... Un maître tibétain disait que pour sauver une personne qui se noie, il est bon d'être stable et de ne pas se laisser entraîner au fond avec lui. L'une des pratiques les plus importantes dans le bouddhisme tibétain est appelée *tonglen*, « donner et recevoir » : on soulage la souffrance des êtres et on leur donne bien-être, paix et guérison. Ici comme auparavant, on peut commencer à faire cette pratique sur soi-même : on va tout à la fois transformer sa souffrance, sa dépression, ses émotions négatives et se nourrir, se donner de l'amour, retrouver la paix.

Je me souviens d'une séance de méditation qui avait plutôt bien commencé : je me sentais calme, posé... comme on aime que les méditations se passent. Quelques minutes plus tard, je sentis émerger en moi un mal-être profond venu d'un souvenir du passé, assorti d'un désir pressant de me lever, de me secouer, de fuir. Je considérai aussitôt que ma méditation était désormais gâchée... Puis, juste à temps, je me rappelai le principe de *tonglen* : au lieu de commencer à y penser et à m'agiter mentalement, en inspirant je pris ce malaise en l'acceptant totalement, en expirant je me donnai en retour le bien-être et l'aise. En l'espace de quelques secondes, cet état douloureux disparut totalement et laissa place à une grande sérénité, comme à l'averse succède une éclaircie lumineuse, un ciel limpide. Je compris alors le pouvoir de cette pratique toute simple.

Voici la pratique de *tonglen*, très simplement : en inspirant, on prend la maladie et la souffrance, et on considère qu'elle se dissout en notre cœur ; en expirant, on donne le bonheur, l'amour et la guérison.

Commençons à le faire sur nous-mêmes, en considérant qu'il y a en nous deux êtres qui coexistent : l'être aimant, confiant, en contact avec sa propre bonté fondamentale ; le moi souffrant, inquiet, malheureux, qui a été blessé et a peur de l'être encore... Au moment de l'inspir, l'être aimant qui est en nous va prendre en lui ce second aspect blessé, comme on accueille un petit enfant malheureux dans ses bras ; il va accepter inconditionnellement sa souffrance, et la dissoudre. À l'expir, il va donner à cet être malheureux le bonheur, la sérénité, la confiance, l'amour. Finalement, il ne va plus rester que le bien-être et la paix.

La pratique peut se faire formellement lors d'une session de méditation, mais aussi à tout moment de la vie. Elle est très utile quand on se sent blessé, mal, inquiet, stressé. Elle est très puissante car elle remplace notre *aversion* pour le mal-être par l'*acceptation* et l'amour de soi-même. La qualité spacieuse d'accueil est la source de la guérison, tandis que l'aversion envers la souffrance est le plus sûr moyen de la perpétuer.

Essayons ensemble.

EXERCICE PRATIQUE

Dans la mesure du possible, asseyons-nous sur un coussin ou une chaise, le dos droit, à l'aise et sans rigidité ; sinon prenons une posture qui nous est confortable. Pendant quelques minutes, reposons tranquillement dans l'instant présent en suivant le cours naturel de la respiration. Ressentons progressivement la présence calme et sereine de l'instant.

Si l'on éprouve souffrance, détresse ou tristesse, en inspirant, acceptons-la pleinement comme on le ferait avec un petit enfant malheureux qui viendrait se réfugier dans nos bras, et considérons que toute cette douleur se dissout en notre cœur ; en expirant, irriguons tout notre être de plénitude, de réconciliation, de bien-être.

Continuons au rythme naturel de la respiration.

Cette pratique, comme toutes les autres, doit être menée dans l'esprit de la méditation : avec légèreté et détente, sans forcer, sans espérer de résultat. Comme on respire, simplement. Elle est sous-tendue par une attitude spacieuse de non-jugement et d'acceptation de soi, qui est comme la toile de fond de toutes les pratiques que nous avons abordées. Elle est très importante, car elle inverse la dureté avec laquelle on se traite habituellement dès que l'on est mécontent de soi, cette maltraitance personnelle que l'on s'inflige avec une constance parfois maladive. Une amie me disait que parfois, elle se sentait mal et qu'elle était consciente de gâcher l'atmosphère autour d'elle, ce qui la rendait mécontente d'elle-même, donc encore plus mal, et ainsi de suite... C'est un cercle vicieux que beaucoup d'entre nous ont expérimenté. Nous pouvons ici l'interrompre : dès que le mal-être s'élève, le premier réflexe est d'inspirer ce malaise, quel qu'il soit, avec bienveillance envers soi-même puis d'expirer la réconciliation, le pardon, l'aise... et de laisser ainsi, sans commentaire mental.

Cette pratique m'aide beaucoup dans les temps de remise en question, quand je me sens coupé, décalé, frustré de ne pas avoir compris à temps la situation... Elle me permet de trancher un cercle qui s'annonce vraiment vicieux après un échec – rumination sur ses causes présumées, mes torts, ceux des autres, etc. –, de repartir à neuf, comme lavé, prêt à apprendre de la vie plutôt qu'à rester bloqué dans le passé. Naturellement, le même schéma est susceptible de ressurgir plus tard, peut-être sous une autre forme... et la pratique est à renouveler !

Venons-en à la pierre d'angle du développement de la bienveillance envers autrui. Je recherche le bonheur, je souhaite ne pas souffrir, c'est parfaitement légitime. Mais en réfléchissant, je m'aperçois que tout le monde le souhaite aussi. Au lieu de considérer les gens comme des autres extérieurs à moi et de les mettre à distance en les étiquetant de mille façons : – bon, mauvais, riche, pauvre, voisin, étranger, parent, que sais-je encore… – je vois l'autre comme *un autre moi-même*, mû par le même désir d'assurer son bonheur et d'éviter la souffrance. Je vous propose maintenant de le pratiquer ensemble.

EXERCICE PRATIQUE

Pensons à quelqu'un que nous comprenons mal et que l'on peut même percevoir comme hostile.

Puis imaginons-nous nous-mêmes dans la situation de cette personne, ayant les mêmes références, nés dans le même milieu, ayant vécu la même vie.

Comment nous sentirions-nous ? Comment verrions-nous la vie, le monde ?

Quelles seraient nos attentes, nos craintes les plus grandes ?

Cette réflexion m'est très utile pour éviter de penser que ma perspective des choses est la seule qui soit objective et juste – illusion tenace. Elle me permet de voir clairement que finalement, ma perception est seulement le résultat d'un vécu particulier. Elle m'amène à comprendre de l'intérieur comment apparaît le monde pour des gens qui me sont au premier abord éloignés, voire hostiles. Avant d'aller rendre une visite, en chemin je prends souvent quelques minutes ou seulement quelques secondes pour me mettre ainsi à leur place.

Maintenant que nous avons développé la sensibilité

au bonheur et à la souffrance de l'autre, parlons de la pratique principale de *tonglen*, telle qu'elle est enseignée dans les textes bouddhistes. « Donner et recevoir » consiste à prendre en inspirant la souffrance des êtres et à leur donner en expirant le bonheur, la guérison et la paix. Ordinairement, on est mal à l'aise devant la souffrance d'autrui. Pourquoi ? On a bon cœur, on aimerait pouvoir réussir à la soulager ; c'est pourquoi on propose à nos proches des solutions, des méthodes, des recettes pour guérir, pour changer. On n'est pas occidental pour rien : on veut agir, réparer, maîtriser. Mais parfois la situation est bloquée, on se sent alors impuissant et frustré face à la fermeture d'un proche, à la dureté du monde, à la maladie ou l'approche de la mort. Le bouddhisme offre ici une vision très différente et pleine d'espoir : il nous dit de *commencer* par débloquer la situation dans notre cœur. Même si l'action n'est pas possible immédiatement, même si les possibilités semblent fermées, on commence par changer l'alchimie de la relation, par établir la paix et la réconciliation dans son cœur. Ici, on va soulager l'être souffrant en prenant sur soi sa souffrance, et lui donner en retour l'amour, la paix, la guérison. Telle est la pratique de *tonglen*.

Nous pourrions craindre que le fait de prendre la souffrance d'autrui ne nous contamine. En fait, c'est l'opposé qui va se produire : si notre cœur s'ouvre authentiquement, la fixation égocentrique qui nous bloque et nous fait souffrir depuis toujours se relâchera et le bien-être, la paix et la guérison s'ensuivront naturellement, car l'énergie vitale de notre nature profonde pourra irriguer de nouveau notre être. La tradition raconte qu'au Tibet, à l'origine *tonglen* fut enseigné avec succès comme pratique de guérison pour des lépreux. Cependant, si nous sentons qu'il est trop difficile de faire cette pratique, qu'elle engendre des peurs ou des réactions violentes en nous, nous pouvons laisser et revenir à la pratique de *tonglen* sur soi-même. Je traverse des périodes où cette pratique m'est presque naturelle ; à d'autres moments, elle me paraît inaccessible, il me semble qu'il faudrait être un saint pour y parvenir. Je ne force rien, je l'entreprends quand je sens une ouverture naturelle. Elle a la saveur de l'accueil, de l'indulgence et du non-jugement. Il est bon de commencer à faire *tonglen* dans des moments où la pratique s'élève naturellement, par exemple lorsqu'on est naturellement touché en voyant une personne chère souffrir, puis on peut progressivement s'ouvrir à d'autres situations.

Partageons maintenant la pratique. Il s'agit ici de *tonglen* sur autrui, mais on peut la transposer si l'on désire la faire sur soi-même.

EXERCICE PRATIQUE

Dans la mesure du possible, asseyons-nous sur un coussin ou une chaise, le dos droit, à l'aise et sans rigidité ; sinon prenons une position qui nous est confortable. Prenons quelques minutes pour placer tranquillement notre esprit sur un objet d'attention, ou bien le laisser reposer dans l'instant présent. Ressentons cette détente progressive, ce contact ténu mais palpable qui s'établit avec cette plénitude fondamentale qui est toujours là au fond de nous.

Évoquons une personne que nous aimons et qui souffre.

Silencieusement, prenons sa souffrance, comme on prendrait dans ses bras un ami en détresse.

En retour, donnons-lui l'amour, la guérison, la lumière, la joie.

Continuons cette pratique sur le rythme de la respiration : en inspirant, nous prenons sa souffrance, qui vient se dissoudre en notre cœur et détruire notre fixation égocentrique ; en expirant, nous donnons l'amour, le bonheur, la guérison, sous forme de lumière qui touche et transforme la personne pour qui nous pratiquons.

Maintenant, pensons aux autres êtres qui souffrent et continuons la pratique pour eux. En particulier, évoquons quelques personnes que nous connaissons bien.

Nous pouvons finalement rendre cette pratique universelle en l'étendant à tous les êtres.

Pour finir, laissons et reposons un moment dans l'instant présent, sans nous impliquer dans les pensées.

Les visualisations varient selon les références. Par exemple, il est possible de visualiser la souffrance sous la forme d'une fumée noire qui quitte la personne et se dissout en notre cœur à l'inspiration, et le bonheur comme une vapeur ou une lumière blanche qui émane de nous et la touche à l'expiration. Ou encore nous pouvons visualiser notre cœur comme un joyau pur et parfait ; la souffrance de la personne se dissout en lui, et il brille d'un éclat inaltérable d'amour et de guérison. Nous pouvons aussi faire cette pratique sans visualisation particulière, le point essentiel étant l'intention, le mouvement du cœur.

On peut objecter que certes il est beau d'imaginer que l'on soulage mentalement un être de la souffrance et qu'on lui donne l'amour, le bonheur et la guérison, mais quelle est l'utilité de cette pratique dans les situations réelles de la vie ? Comment la personne souffrante pourrait-elle en retirer un bienfait quelconque ?

D'une part, la pratique va transformer radicalement notre perception de la personne souffrante. Au lieu de l'aversion, du jugement ou de la pitié, il y aura l'ouverture, l'empathie et la bienveillance. La pratique accomplie régulièrement va modifier progressivement notre disposition d'esprit, et lorsque l'on se trouvera en présence de la personne, l'alchimie de la relation sera différente. Grâce à cette transformation intérieure, nous trouverons peut-être naturellement le mot, le geste ou l'acte qui changera tout, même si chaque situation est différente et s'il est difficile de généraliser.

D'autre part, il existe un niveau de communication direct entre les êtres dont nous sommes rarement conscients dans notre état d'esprit ordinaire. Parce que nous sommes tous interdépendants, et non séparés, les pensées d'amour authentiques peuvent avoir un effet tangible sur les autres êtres, débloquer subtilement des obstacles, guérir des souffrances cachées.

La pratique de *tonglen* peut nous aider à trouver un sens et à transformer nos souffrances et nos épreuves. Parfois, une difficulté quelconque s'élève, petite ou grande : un désagrément, une contrariété, un doute, un sentiment d'abandon, ou bien une douleur physique ou une maladie. Dès qu'elle survient, on pense à tous ceux qui endurent un tourment similaire à cet instant même, parfois à un degré bien pire. On inspire leur souffrance pour les en soulager et on leur donne en retour la paix, le bien-être et la guérison. C'est une façon efficace de donner un sens à la douleur, d'éviter qu'elle ne débouche sur l'angoisse et l'égocentrisme, de l'ennoblir en pensant à tous les êtres. Ainsi la souffrance, petite ou grande, peut être une porte vers l'ouverture du cœur ; quand on a souffert, on est beaucoup plus conscient et motivé pour aider nos semblables qui traversent la même épreuve, tandis que l'on est plus facilement indifférent aux souffrances qui nous sont étrangères. L'effet principal de *tonglen* est de réduire notre égocentrisme, qui, comme nous le verrons un peu plus loin, est la racine de toute notre souffrance.

On l'aura compris, *tonglen* est une grande pratique de guérison, à tous les niveaux : spirituel, émotionnel et même physique. En particulier dans les cas de grande détresse ou de grande souffrance, ou à l'approche de la mort, cette pratique permet de donner un sens à l'épreuve et de transformer la situation apparemment désespérée en un acte de compassion ; elle a ainsi métamorphosé de nombreuses personnes en proie à des maladies ou à des douleurs qui paraissaient sans issue.

Comme on le voit encore, le grand principe de l'enseignement bouddhiste sur l'amour et la bienveillance est d'*utiliser tout ce qui se présente dans la vie, bonheur ou souffrance, comme source d'ouverture et de transformation*. Dès lors, chaque fois que je souffre, je pense aux êtres qui ont la même souffrance et je souhaite qu'ils en soient libres ; chaque fois que je suis heureux, j'ai cette pensée : « Puissent tous les êtres jouir à cet instant du même bonheur ! »

Cette pensée change complètement la trame de notre discours intérieur quotidien sur les choses et les gens, et constitue une véritable révolution tranquille dans notre vie. Cher lecteur, voici un compagnon de tous les instants : une pratique simple et profonde, une pratique du cœur.

Revenons un instant sur un point important mentionné dans l'introduction de ce livre : l'amour et la bienveillance, dans le bouddhisme, conduisent à un sens aigu de la solidarité, un engagement actif à soulager la souffrance. L'action pourra être parfois très ferme et déterminée, en particulier lorsqu'il s'agit de ne pas tolérer l'injustice. Cependant, pour apporter un bien durable dans toutes nos entreprises, il est nécessaire d'agir avec un esprit de bienveillance, sans haine, ressentiment ou esprit de revanche. Ce sont les eaux de la bienveillance qui irrigueront les plaines de l'harmonie future du monde, non les pierres et les épines de l'animosité et de la violence. Toutes ces pratiques – aimer avec bienveillance, se mettre à la place de l'autre, donner et recevoir – nous donnent les outils pour progresser dans ce sens. Je connais des gens de tous horizons politiques, professionnels et sociaux engagés sur ce chemin ; beaucoup font l'expérience de leur pouvoir étonnant pour transformer les situations et apporter discernement, paix et bonheur autour d'eux dans la société à différents niveaux, agir concrètement et efficacement, être vraiment utile.

Les enseignements bouddhistes visant à développer l'amour et la bienveillance, à transformer l'égocentrisme et à assouplir notre caractère sont extrêmement vastes et systématiques. Ils s'intitulent *lodjong* en tibétain, ce qui signifie littéralement « entraînement de l'esprit ». Dans cette seconde partie j'ai seulement donné un petit aperçu de certaines des pratiques les plus connues.

Pour conclure, je dirai que même si elles semblent difficiles au premier abord, même si nous ne parvenons pas à y entrer pleinement, le simple fait de tourner notre esprit vers elles et d'aspirer à les accomplir constitue en soi un facteur de transformation déterminant, tant il est vrai que c'est la motivation profonde de notre cœur qui détermine au premier chef le devenir de notre être et influe sur l'univers entier.

Partie III

Comprendre

1.

La danse du changement

> « On ne se baigne jamais deux fois dans le même fleuve. »
>
> Héraclite

Avant d'évoquer dans cette troisième partie les fondements mêmes de la compréhension bouddhiste de l'existence, je tiens à rappeler que cet ouvrage n'a pas d'ambition philosophique ni de prétention à l'exhaustivité. Pendant ces trente dernières années, l'enseignement bouddhiste a joué pour moi le rôle d'une carte géographique me guidant dans la découverte d'une nouvelle façon d'être, d'aborder les autres et le monde. Ainsi, ce livre est, je le répète, plutôt un carnet de voyage qui relate quelques moments importants de ce parcours éminemment personnel et subjectif.

L'un des principaux thèmes de l'enseignement

bouddhiste est l'impermanence universelle : tout change constamment, rien ne demeure identique à soi-même au cours du temps, tout ce qui est né évolue et finit par mourir. Ce sujet traditionnel de réflexion est une pierre d'angle du bouddhisme. Je souhaite surtout ici mettre en lumière notre attitude habituelle face au changement et à la perte, et montrer comment nous pouvons les voir sous un jour nouveau. Ce chapitre, comme le suivant sur l'interdépendance, sera important pour comprendre profondément ce que le bouddhisme définit clairement comme la cause première de la souffrance : la saisie d'une idée fausse du moi.

Le constat de l'impermanence universelle ne semble pas à première vue une révélation extraordinaire, mais plutôt relever du bon sens. Une fois néanmoins, lors d'un exposé public sur ce sujet, je me souviens que l'enseignant, un maître tibétain, ajouta en conclusion la remarque suivante : « L'impermanence de toute chose, nous les êtres humains, nous ne l'aimons pas et au fond de nous, nous ne voulons pas vraiment y croire. » Cette remarque est restée gravée en moi. Examinant mes impressions d'enfance, j'ai convenu que tout mon univers familier – ma famille, ma maison, ma chambre – était pour moi à l'époque un ensemble de faits acquis et permanents. J'avais environ cinq ans lorsque mon arrière-grand-mère est morte, et dans mon esprit elle était seulement partie en voyage, elle était toujours vivante. Encore maintenant, j'ai tendance à concevoir instinctivement que mon entourage a une certaine stabilité et que les lieux, les gens vont rester identiques à eux-mêmes au cours du temps, si bien que tout changement me cause un léger choc.

Je me suis également rendu compte que la nature même du langage nous conduit à nommer, à étiqueter tous les phénomènes, induisant ainsi subtilement la présomption de leur pérennité : le nom, lui, ne change pas, comment donc l'objet qu'il désigne serait-il sujet à naissance, changement, disparition ? En outre, je n'ai pas envie de croire au changement ; la croyance en la permanence de mon univers me sécurise. Le séisme de l'adolescence vient de là : la sortie du monde protégé de l'enfance, les mutations du corps, l'inconnu qu'il faut bien affronter. À tout âge on éprouve le désir de permanence, la crainte et le bouleversement en cas de changement majeur, que ce soit professionnel, familial ou autre. Combien d'entre nous sont, dans un domaine ou un autre, restés bloqués dans le passé…

EXERCICE PRATIQUE

Prenons quelques minutes pour lire chacune des phrases suivantes et voir si elles font ou non écho à notre expérience de la vie :

- « À l'âge adulte, si j'ai une situation professionnelle stable, je veux absolument qu'elle continue, je crains qu'elle soit remise en cause, je me méfie du changement… »

• « Si mon emploi du temps est modifié, si une circonstance imprévue survient, même minime, j'en suis contrarié. »

• « Quand je n'ai pas vu un lieu ou une personne depuis longtemps, j'ai un choc en les retrouvant changés. »

• « Je suis pris par surprise et frappé au cœur si quelqu'un de mon entourage est gravement malade ou meurt subitement. »

• « J'assimile un changement affectif important à une perte. Si ma relation amoureuse bat de l'aile, je me sens perdu… »

• « Après un grand changement de vie, je mets longtemps pour me rétablir, pour retrouver un équilibre. C'est-à-dire pour m'habituer à une nouvelle "réalité" à laquelle je vais de nouveau m'attacher. »

• « Si la société, les équilibres, les règles du jeu dans le monde évoluent, j'ai une réaction instinctive de retrait, je me sens menacé… avant de vouloir ou pouvoir m'adapter. »

Maintenant, prenons conscience de notre attitude habituelle envers les divers changements et formulons-la clairement.

Ici, il s'agit de rendre explicite notre croyance instinctive en l'existence permanente et stable des gens, des situations, des objets. D'ordinaire cependant, je ne la formule pas, mais dès que je vois une chose, une personne, je la considère implicitement comme permanente. Je la tiens pour acquise. Elle est là et elle va continuer à exister comme telle. Même si à la réflexion je réalise que tout change constamment, bien souvent au niveau viscéral je n'y crois pas, je ne veux pas y croire, je ne m'y fais pas.

Cette constatation a beaucoup d'implications sur mon attitude dans la vie. Si tout est impermanent, il est futile de m'attacher, car ce à quoi je m'attache change constamment, et j'évolue aussi moi-même sans cesse… Peut-on marcher deux fois sur le même chemin ? À quoi bon courir après les arcs-en-ciel de nos chimères ? Ai-je basé ma vie sur une illusion : la pérennité, la constance de mes affections, de mes talents, de ma place dans le monde ? Ici, l'important est de devenir simplement conscient que tout est en perpétuelle évolution, que toute naissance sera suivie d'une mort, tout commencement d'une fin et de prendre conscience de nos attentes et de nos peurs à ce sujet, sans aucun jugement.

Lorsque j'ai rencontré pour la première fois ces thèmes de réflexion, cette méditation sur l'impermanence s'annonçait plutôt austère. Tout change, tout meurt, n'y a-t-il donc aucun terrain solide ? S'agit-il de renoncer à tout, de ne rien construire, car rien ne dure ? Formulée ainsi, la proposition semble tout de même bien rébarbative. Je n'ai pas de goût pour les moralistes sévères qui découragent de vivre et suis convaincu que les grandes vérités spirituelles, quand elles sont bien exprimées et bien comprises, sont sources de vie, de joie et d'inspiration. Mais alors, cette réflexion sur le changement et l'impermanence est-elle de nature à décourager de vivre, d'espérer, de construire ?

Pensons-y à deux fois. Tout change… heureusement ! Qui a envie de rester bloqué pour toujours dans une situation insatisfaisante ou difficile ? Ne sommes-nous pas soulagés que certaines périodes de notre vie soient révolues ? Je me suis aperçu que l'impermanence était souvent une alliée : pensons aux jeunes pousses printanières, au soleil du matin, aux nouveaux amis, aux nouvelles perspectives de la vie qui naissent sous nos pas et dans notre cœur, aux grands changements en nous ou autour de nous, parfois douloureux à traverser mais dévoilant ensuite de nouveaux horizons. L'impermanence permet à la vie d'éclore sans cesse : si tout change constamment, tout est possible, rien n'est fatal, rien n'est gravé définitivement… quelle liberté ! Si je décide de danser avec le changement, je ne deviendrai jamais un vieillard sclérosé dans ses habitudes… bonne nouvelle ! La pensée que chaque jour est unique nous fait vivre plus intensément et nous ouvre à la beauté de l'instant fragile et éphémère, comme une fleur des montagnes. Nous rappeler régulièrement que nous ne sommes pas immortels nous fait mieux apprécier le temps que nous passons avec notre compagnon, notre compagne ou une personne qui nous est chère.

Cependant, la mise en pratique ne s'annonce pas évidente. Quand nous sommes confrontés au changement, au lieu de nous réjouir à l'idée que d'autres possibles vont éclore pour nous, pourquoi beaucoup d'entre nous ont-ils tendance à se cramponner au connu, même médiocre ? Mais précisément parce qu'il est connu ! Shakespeare énonce la même idée par la voix d'Hamlet dans l'une de ses tirades les plus célèbres : « Entre les maux connus et les maux ignorés, les premiers sont par nous lâchement préférés. »

Karine subit sa vie de couple depuis de nombreuses années, jour après jour, telle une fleur que l'on néglige et qui s'étiole doucement. Elle a tout essayé : médiateur, thérapie de couple... sans succès. Les enfants commencent à être grands, elle est indépendante financièrement. Elle a maintes fois envisagé la séparation pour aussitôt reculer, par peur de l'inconnu, par crainte de se retrouver seule, d'être mise à l'écart...

Sa meilleure amie, Audrey, a fait le pas, elle. Le processus a été difficile et douloureux, mais plus tard elle a réussi à dialoguer en profondeur avec son ancien compagnon, et pour la première fois de leur vie ils ont pu parler sincèrement. Elle est allée jusqu'au fond, elle l'a touché, elle a rebondi, et elle a maintenant un tonus étonnant ; elle ne s'est jamais sentie aussi jeune à cinquante ans passés.

On pourrait aussi évoquer le cas opposé : parfois la séparation est une fuite et le vrai courage consiste à traverser les changements à deux, à se remettre en cause, à grandir et à évoluer ensemble à travers les événements et les difficultés.

Francis a arrêté ses études jeune faute de moyens. Il travaille depuis vingt-cinq ans dans une petite entreprise familiale chez un oncle qui l'humilie sans cesse. Il serre les poings, son dos est bloqué, souvent il parle de partir... Et il est toujours là, il s'asphyxie lentement dans le milieu irrespirable du psychodrame familial. Il ne change pas, car il craint de n'être pas à la hauteur dans le monde du travail... Pourtant, il est courageux et bon professionnel.

Qui n'a pas d'exemple autour de lui, qui n'est pas concerné lui-même d'une façon ou d'une autre ? Entre le malheur ordinaire et la possibilité d'un avenir à oser et à découvrir, souvent on préfère rester dans le connu, même médiocre.

Pourquoi ? Quel est le point commun à toutes ces attitudes, leur cause première ?

Même si toutes les situations sont variées et différentes, je dirais que ce qui les réunit en profondeur est la peur, l'*insécurité fondamentale* sous-jacente à la plupart de nos affects : un manque de confiance en soi et dans le monde. Si souvent dans le passé le changement a été une menace, une perte, comment pourrions-nous cette fois le tourner à notre avantage ? La société moderne accorde une grande valeur à la confiance en soi, les écoles de commerce tentent d'enseigner aux futurs cadres à afficher une assurance de façade... mais qu'en est-il de la véritable confiance en soi, à la fois modeste et inébranlable ? Je ne prétends pas traiter le sujet en quelques lignes, disons simplement qu'il touche à notre sens de l'identité, cette image de nous-mêmes à laquelle nous nous sommes identifiés et qui nous gouverne à notre insu. Comme nous le verrons en détail un peu plus loin. Je souhaite seulement introduire ici l'idée qu'il est possible de se diriger vers un sentiment de confiance plus vaste et indépendant des circonstances, qui consiste à devenir ami de l'impermanence et à danser avec le changement. Personnellement, la pratique de la pleine conscience y a largement contribué, car elle me recentre sans cesse sur la constante fraîcheur du présent, en m'évitant de m'appesantir sur mes pensées du passé ou mes attentes liées au futur.

Accueillir le changement comme un ami nous attire et nous effraie à la fois ; il y a toujours la peur de l'inconnu, la tendance habituelle à nous réfugier dans notre territoire familier. Cependant, ne pas accepter le changement, n'est-ce pas dangereux ? Comment finissent ceux qui restent bloqués dans le passé ? On vit très souvent dans l'illusion rassurante que nous pourrons indéfiniment maintenir la situation actuelle, tout en sachant au fond de nous que le changement est inévitable. Le véritable danger est précisément cette croyance illusoire en la fixité du monde, car le réveil sera rude. La véritable sécurité, paradoxalement, consiste à accepter complètement le changement et suivre son flot.

Prenons conscience que l'insécurité fondamentale qui nous pousse à nous attacher instinctivement aux personnes et aux situations est à la source de la plupart de nos comportements et de nos limitations, à la racine même de toutes nos complications. Nous verrons plus loin comment cette réflexion sur l'impermanence nous permet peu à peu de parvenir à une sérénité intérieure qui n'a rien à voir avec la sécurisation anxieuse que nous mettons en œuvre ordinairement pour nous rassurer.

Pour l'instant, lecteur, consacrons simplement quelques minutes à méditer ceci : le flot de la vie coule sans cesse, ne le solidifions pas, ne bloquons pas, laissons-nous porter par lui, évoluons et grandissons avec lui. Contemplons la cascade, les fleurs qui s'ouvrent sans cesse, le ciel toujours changeant, les flots jaillissants… et commençons à envisager la possibilité d'une attitude radicalement nouvelle : devenir ami du changement, être en phase avec la vie, vivre chaque jour comme un premier jour, vouloir apprendre, découvrir, être jeune, toujours.

2.

Nous sommes tous reliés

> « Si une relation d'interdépendance nous lie à chaque chose et à chaque être, la moindre de nos pensées, paroles ou actions aura de réelles répercussions dans l'univers entier. »
>
> Sogyal Rinpoché,
> *Le Livre tibétain de la vie et de la mort*

Comme il a été dit plus haut, nous avons tendance à considérer que les choses et les individus sont des entités stables et autonomes, alors qu'en réalité rien n'a d'existence permanente, tout est en état de changement constant. Maintenant, posons-nous la question suivante : si par nature tout naît, change et meurt, comment les phénomènes, les êtres et les situations viennent-ils à apparaître, à exister ? Quelle est leur nature ?

Le Bouddha disait que tout est interdépendant

et résulte de multiples causes et conditions. L'arc-en-ciel n'est pas un objet substantiel, il naît de la conjonction temporaire de nombreux éléments – les rayons obliques du soleil abordant les gouttes de pluie sous un certain angle... – et quand ces conditions changent, il disparaît. Toutes nos vies, tous les phénomènes sont ainsi : impermanents, composés et dépendant de nombreux facteurs. Que serais-je sans les autres ? Que serait la France sans le monde ? Chacun de nous est tissé dans la trame même de l'univers, et tout est ainsi.

L'interdépendance universelle est la clé de voûte de la vue bouddhiste de l'existence. Intellectuellement, nous le comprenons bien. Nos sociétés modernes, le progrès technique, la mondialisation illustrent cette vérité : tout s'inscrit dans un ensemble, dans un réseau, rien n'est séparé. La science moderne constate que l'on ne peut trouver une seule particule de matière substantielle et indépendante, tout est un flux d'énergie en constante interdépendance. La théorie scientifique du chaos nous enseigne que le battement d'ailes d'un papillon peut engendrer un ouragan à l'autre bout du monde... Au début du XXe siècle, la relativité d'Einstein puis la physique quantique ont battu en brèche la conception d'entités absolues et indépendantes qui avait prévalu en physique classique jusqu'à la fin du XIXe siècle : matière, temps, espace...

Maintenant, puisque nous nous intéressons à l'expérience vécue plutôt qu'à la théorie, voyons ensemble ce que nous enseignent concrètement, dans notre vie, l'impermanence et l'interdépendance.

Au chapitre précédent, quand nous parlions de l'impermanence de toutes choses, certains ont pu se demander : « Si tout est impermanent, pourquoi construire quoi que ce soit dans la vie ? Si je fonde un couple, les sentiments de ma compagne ou de mon compagnon ne risquent-ils pas de changer à tout moment ? S'il en est ainsi, pourquoi m'impliquer ? Suis-je réduit à simplement vivre au jour le jour, sans rien espérer de tangible ? Lâcher prise, certes, mais sans aucun moyen d'assurer un avenir quelconque ? Décidément, je me retrouve les mains vides. »

Quel malentendu ! L'impermanence nous dit que rien n'est définitivement acquis, car tout change. Comment donc naviguer sur cet océan toujours en mouvement ? C'est l'interdépendance qui nous donne la clé : chaque phénomène naît de multiples conditions, on doit donc sans cesse prendre soin des facteurs qui sous-tendent les situations. En effet, quelle célébrité n'a pas dormi sur ses lauriers pour se rendre compte, après quelque temps, que le monde l'avait oubliée ? Combien de couples se sont endormis dans la routine pour se retrouver fort éloignés quelques années plus tard ? Pourquoi certains recherchent-ils la nouveauté, sinon parce qu'elle stimule tandis que l'habitude endort et engourdit ?

L'interdépendance nous convie ainsi à entretenir, à nourrir, comme un être vivant et fragile, notre environnement naturel, nos relations et notre vie elle-même. Un compagnon qui chaque jour, par une petite attention, un geste ou une parole, me rappelle que je compte pour lui, quoi de plus gratifiant ? Un fils, un ami avec qui je nourris l'écoute et le dialogue régulièrement aura-t-il tendance à me délaisser ? Au sujet de l'annexion du Tibet par la Chine communiste dans les années cinquante et soixante, le dalaï-lama affirme que les Tibétains ont aussi une part de responsabilité : celle d'avoir vécu en autarcie diplomatique pendant les décennies qui ont précédé, fiers de leur isolement géographique, de telle sorte que personne dans le monde ne s'est soucié de leur malheur le moment venu. Concernant l'avenir de notre biosphère, il ne sera assuré que lorsque les nations et les hommes auront pris conscience de la fragilité de notre patrimoine commun et de l'interdépendance extrême qui régit son fonctionnement.

En somme, puisque tout naît constamment de causes et de conditions, puisque nous ne pouvons rien tenir pour acquis, nous devons constamment prendre soin de nos relations avec le monde. Être réellement conscient de la réalité, c'est être conscient de l'interdépendance de toutes choses.

La loi de l'interdépendance universelle a une autre conséquence importante dans le domaine de l'éthique : il devient totalement vain de chercher à établir un bonheur durable au mépris de l'existence d'autrui. En y réfléchissant, je me suis aperçu que mon esprit a parfois tendance à échafauder des projets en autarcie : j'ai des objectifs, je veux les réaliser... mais ai-je tenu compte de tous les facteurs ? Des désirs et des besoins de mon entourage ? Des circonstances changeantes ? De la situation dans son ensemble ? Ou bien vais-je agir comme si j'étais autosuffisant ? Dans nos sociétés modernes largement fondées sur l'individualisme, cette réflexion pourrait nous éviter bien des échecs. Les chefs d'État qui dans l'histoire ont conduit leur peuple à la catastrophe ont toujours été victimes de cette illusion : ils ont cru pouvoir établir leur propre grandeur aux dépens des autres hommes et des autres nations, construire leur prospérité sur le malheur d'autrui.

Du fait de l'interdépendance, le bonheur de chacun est intimement lié au bonheur de tous, la souffrance de chacun est intimement liée à la souffrance de tous. Si on est bienveillant et respectueux d'autrui, ce bonheur que l'on donne nous revient, nous reviendra tôt ou tard ; si on est nuisible, on sème une graine de souffrance que l'on récoltera inévitablement.

Insistons quelques instants sur cette clé de l'éthique bouddhiste, qui diffère de la plupart des fondements de la morale auxquels nous nous référons habituellement. Lors de ma découverte du bouddhisme, j'ai beaucoup apprécié l'absence d'une morale posée a priori comme un devoir, ou imposée de l'extérieur par un Dieu qui distribuerait punitions et récompenses.

Ni Kant ni Pascal en quelque sorte… Le bouddhisme est avant tout une sagesse : la compréhension des lois qui gouvernent l'être et la vie. Ainsi, l'éthique altruiste devient une simple évidence qui découle de la vérité de l'interdépendance : si on est bienveillant, les autres en bénéficieront et on en sera soi-même beaucoup plus heureux ; si on est malveillant ou abusif, les autres en souffriront mais c'est surtout nous-mêmes qui en subirons tôt ou tard les conséquences.

En voyant le destin finalement misérable de beaucoup d'adeptes exclusifs de l'égocentrisme et du machiavélisme, que ce soit en amour, en affaires ou en politique, je me suis facilement convaincu de cette vérité : si je cherche à me venger, c'est moi qui souffre le plus. Les livres d'histoire de notre enfance nous affirment que la France était victorieuse en 1919… nous avons vu vingt ans plus tard le résultat du traité de Versailles ! Quel pays ayant une stratégie guerrière depuis des décennies a réussi à obtenir ainsi une sécurité durable ? Le monde souffre de cette croyance fallacieuse que l'on peut assurer sa sécurité et sa prospérité durablement aux dépens de l'autre, par le racisme, la xénophobie, le sexisme, etc.

L'altruisme, le souci et le respect d'autrui ne sont pas un commandement moral venant de l'extérieur mais une évidence pour le bonheur et même pour la simple survie, tout comme on prend naturellement soin de sa santé. Il m'a toujours paru merveilleux que ce soient l'amour, la bienveillance et la générosité qui nous conduisent au bonheur, parce que ce sont des qualités de notre véritable nature. C'est une véritable « bonne nouvelle ».

C'est pourquoi la motivation est au cœur de la pensée bouddhiste : le souhait du bonheur d'autrui amène tôt ou tard le bonheur ; la pensée malveillante conduit à terme au malheur. En fait, le résultat est déjà immédiat, tant on est plus heureux le cœur empli d'amour que sous l'empire du ressentiment ou de l'animosité. Mais outre la motivation qui anime nos actions, nos paroles et nos pensées dessine sans cesse les nouveaux profils, proches et lointains, de notre destinée.

Avant de continuer l'aventure, prenons un instant pour examiner comment la loi de l'interdépendance prend effet au sein même de notre vie.

EXERCICE PRATIQUE

Dans la mesure du possible, asseyons-nous sur un coussin ou une chaise, le dos droit, à l'aise et sans rigidité ; sinon prenons une posture qui nous est confortable. Commençons par poser tranquillement notre esprit en demeurant dans l'instant présent... ou bien en suivant légèrement le souffle qui va et vient.

Lors de la réflexion qui va suivre, il est souhaitable de prendre éventuellement des exemples précis. Pensons à l'une de nos actions passées, lointaine ou récente, motivée par une bienveillance authentique. Nous en sommes-nous sentis plus heureux, immédiatement ? À plus long terme ?

Prenons maintenant le cas d'une action motivée soit par la malveillance, soit par un désir égoïste accompli aux dépens d'autrui. Quel en a été le fruit ? En avons-nous retiré un bonheur immédiat ? Durable ? Avons-nous ensuite rencontré des problèmes, des difficultés à cause de cette attitude ? Naturellement, si vous n'avez jamais rien accompli de tel, passez directement à la ligne suivante.

Croyons-nous dans certains cas que nous arriverons à nos fins aux dépens des autres ?

Voyons-nous comment la bienveillance sème la graine d'un bonheur futur, proche ou lointain, pour les autres mais aussi pour nous-mêmes ?

Prenons finalement un instant pour laisser l'esprit simplement reposer dans l'instant présent, sans suivre la pensée des situations que nous venons d'évoquer. Puis couchons par écrit le fruit de nos réflexions.

Parfois il est plus facile de pratiquer cette réflexion en considérant le cas d'une personne que nous connaissons suffisamment. Bien que nous puissions commencer ainsi, l'important est d'en arriver à réfléchir sur nous-mêmes. En effet, ce principe de l'interdépendance porte sur notre destinée à court et à long terme.

Nous touchons au cœur de la sagesse du bouddhisme en nous posant la grande question : « Si tout naît, change et meurt, s'il n'y a pas de réalité pérenne et indépendante, qu'en est-il de "moi" ? Quelle est la réalité qui se cache derrière ce petit mot de trois lettres ? Qui suis-je, réellement ? » C'est ce que nous allons explorer maintenant.

3.

La grande méprise : la fausse idée du moi

« Imaginez une personne qui se réveille soudain à l'hôpital après un accident de la route, pour s'apercevoir qu'elle souffre d'une amnésie totale. Extérieurement, elle est la même : (...) mais elle n'a pas la moindre idée ni le moindre souvenir de qui elle est réellement. De même, nous ne pouvons nous rappeler notre véritable identité, notre nature originelle. En proie à la frénésie et à une réelle terreur, nous nous mettons en quête d'une identité de remplacement (...) Cette fausse identité, adoptée par ignorance, est l' "ego". »

Sogyal Rinpoché,
Le Livre tibétain de la vie et de la mort

Lecteur, compagnon de route sur les chemins de la connaissance intérieure, nous arrivons maintenant à une partie délicate de notre parcours : le moment où l'on quitte complètement le terrain connu des habitudes de toute une vie. Une remise en question tellement radicale de la pensée occidentale qu'elle peut donner le vertige… Alors, comment faire le pas, marcher sur cette arête fine et aérienne ? En étant ouvert et léger, en étant un débutant, en abandonnant le poids du connu, de l'appris, en ouvrant son cœur à la possibilité enivrante d'une liberté tellement vaste qu'elle en est presque inconcevable. Si vous ne vous sentez pas prêt pour l'aventure, vous pouvez aussi passer directement au chapitre suivant en gardant seulement dans votre cœur cette vérité qui résume tout le propos : la fixation sur l'ego est uniquement source de souffrance, tandis que l'altruisme est à l'origine de tout véritable bonheur. Nous mettons-nous en route ?

Depuis ma plus tendre enfance, on m'a toujours appris à penser le monde en termes dualistes : moi et l'autre, moi et le reste du monde. Alors que l'existence de Dieu donne lieu à des débats passionnés, notre culture considère comme allant de soi l'existence d'un moi substantiel, permanent, indépendant, capable de discourir et d'agir sur un monde considéré comme extérieur. Notre façon de concevoir les choses est le plus souvent structurée ainsi : la relation entre moi et Dieu pour les croyants, la rationalité scientifique et philosophique où l'observateur est extérieur au système qu'il analyse ou observe, le « toi et moi » des amoureux…

J'ai bien sûr adhéré sans m'en apercevoir, comme tous mes semblables, à cette évidence apparente : je suis *moi*, séparé des *autres*, j'ai *mon* intérêt, *mes* problèmes, ils ont les *leurs*... La formulation dualiste de notre expérience du monde est comme une seconde nature, elle est inscrite dans la langue et la pensée occidentales.

En même temps, au fur et à mesure que j'essayais de voir comment fonctionnait la vie, et surtout de comprendre pourquoi notre civilisation contemporaine est si malheureuse, quelques constatations troublantes sont peu à peu venues semer le doute sur cette certitude.

• Tout d'abord, si je me conçois comme séparé des autres, si je vois le reste du monde comme extérieur, comment rendre compte de l'empathie naturelle, de la joie désintéressée que j'éprouve à aimer, à partager avec autrui, qui est une véritable source de plénitude ?

• À l'inverse, l'opposition entre moi et l'autre n'est jamais aussi forte que lorsque je suis en proie aux émotions perturbatrices. Quand je suis en colère ou frustré par exemple, c'est *moi* qui suis en colère, c'est *moi* qui me fais avoir, c'est l'*autre* qui est à blâmer... En revanche, si je m'entends bien avec mon entourage, si je suis en paix, je peux passer un bon moment sans me soucier de moi. Il est paradoxal de se sentir si bien précisément quand l'idée du moi est absente !

Prenons un moment pour y réfléchir : dans diverses

situations de l'existence, dans les moments de colère ou d'envie, dans les moments sereins, regardons comment la pensée du moi apparaît et quelle importance elle prend ; on s'aperçoit curieusement que l'idée du moi change et dépend des circonstances. Elle est souvent synonyme d'insatisfaction, et surtout elle n'est pas ce centre stable et indépendant que l'on imagine.

• À ma grande surprise, j'ai remarqué que chaque fois que j'élabore des stratégies ayant exclusivement pour but ma propre satisfaction, sans élément de partage, en autarcie pourrait-on dire, même si mes projets se réalisent, le résultat est finalement frustrant... Je peux ressentir une satisfaction momentanée, mais je suis loin du bonheur ! Et dans tous les cas, je ressens une impression de limitation, de stérilité. Pourtant, si je suis bien moi tel que je le conçois, normalement chérir ce moi devrait m'apporter la plus grande satisfaction...

• Je me souviens clairement, adolescent parisien, d'avoir été surpris par ces gens qui vivaient dans de belles régions ensoleillées, mais ne semblaient finalement pas plus heureux que les habitants des brumeuses contrées septentrionales. Pourquoi ceux qui ont amassé force richesses ne jouissent-ils pas pour autant d'un bonheur éclatant ? Dans mon enfance, le conducteur d'une voiture luxueuse m'avait adressé un jour sans raison apparente un regard sombre et hostile. L'image est restée gravée dans ma mémoire, comme le sont certains événements passés d'apparence anodine. J'avais perçu toute la profondeur du mal-être de l'homme, et j'en avais été étonné, dans la candeur de ma jeunesse. Amasser les objets de notre désir personnel, se chérir soi-même comme le plus important, cela aurait-il finalement peu à voir avec le bonheur véritable ?

• Enfin, j'ai été frappé par l'exemple de quelques philosophes, écrivains ou hommes d'État soutenant jusqu'au bout la conception d'un moi indépendant : « Comme je suis séparé, autonome par rapport au reste du monde, soutiennent-ils, je peux assurer mon propre bien-être aux dépens d'autrui, sa souffrance peut même me procurer le bonheur… » Inutile d'aller jusqu'à Sade, prenez Nietzsche ou Stirner, par exemple, qui sur la base de ce postulat aboutissent à des stratégies dont on voit facilement qu'elles conduisent inévitablement au désastre. Qui a envie de finir comme Nietzsche ou Stirner, Staline ou Mussolini ? Ou comme l'usurier Gobseck du roman éponyme de Balzac ?

Ce furent les premières brèches dans l'édifice… mais la grande secousse vint lors du premier contact avec l'enseignement bouddhiste. En effet, une découverte essentielle du Bouddha est que cette idée du moi à laquelle nous nous référons habituellement est une construction fabriquée de toutes pièces par la pensée, qui n'a strictement rien à voir avec notre véritable nature et engendre seulement mal-être et insécurité. Quelle révélation ! Toutes mes pensées et mes préoccupations liées à la fixation sur *moi*, *mes* besoins, *mes* peurs, *mon* intérêt... ne seraient qu'un discours mental fictionnel, sans rapport avec la réalité de mon être. L'idée même que nous avons du moi en tant que centre de contrôle permanent et autonome qui perçoit et agit sur le monde considéré comme extérieur serait fondamentalement fausse. De ce fait, elle n'apporterait pas le bonheur et conduirait à une impasse, créant des problèmes à l'infini et perpétuant l'insatisfaction. Or c'est sur cette base que le monde tourne ! Je venais de découvrir une idée vraiment singulière... il me restait à la passer au crible d'un examen approfondi, et je m'y suis employé pendant les années qui ont suivi.

En écrivant ces lignes, je suis bien conscient que la fixation de l'ego reste très présente dans beaucoup de mes comportements quotidiens. Cependant, la simple pensée que l'idée que je me fais de moi, à laquelle je suis tenté d'attacher une telle importance, est ultimement une fiction, une construction de mon esprit, m'incite à être moins sur la défensive dans les situations concrètes. Dans la vie courante, quand j'ai l'impression qu'on ne m'accorde pas le traitement que j'estime m'être dû, parfois une voix intérieure me souffle : « Mais qui es-tu vraiment, toi qui te crois important ? » Elle me donne de l'humour, une sensation de ridicule et en même temps de liberté : et si, en réalité, il n'y avait pas besoin de se défendre ?

Ici naturellement, je ne parle pas de la défense de notre dignité et de nos droits naturels, qui est nécessaire et légitime, mais plutôt de l'obsession dans laquelle nous sommes souvent pris de ne pas « se faire avoir », d'obtenir la meilleure part, d'être valorisés, d'avoir raison. Selon le Bouddha, la fixation sur l'idée fausse du moi est la source de toute souffrance, mais il nous conseille de nous aimer et de prendre soin de nous-mêmes sainement. Malheureusement, la plupart du temps nous confondons ces deux attitudes et par conséquent nous prenons la direction opposée à notre propre bonheur. Le grand saint bouddhiste du VIIIe siècle Shantideva disait : « Bien que désirant être heureux, dans leur ignorance les êtres détruisent leur propre bonheur comme s'il était leur pire ennemi ; bien que souhaitant être libres de la souffrance, ils se précipitent tête baissée dans la souffrance elle-même. »

Lecteur, je vous propose maintenant de prendre un instant pour examiner de près ce moi conçu ordinairement comme une entité définie, permanente et indépendante du monde extérieur.

EXERCICE PRATIQUE

Prenons l'ensemble des idées que nous avons sur notre identité : la façon dont nous nous définissons, nos racines, nos besoins, notre intérêt, etc.

Voyons comment tout cela évolue au cours du temps. Sommes-nous toujours les enfants que nous avons été ? Sommes-nous les mêmes qu'il y a quelques années ou quelques décennies ?

Nous sentons-nous dotés de la même identité en famille, au travail, dans diverses situations ? Si une circonstance particulière s'élève et déclenche une émotion, le sens du moi ne change-t-il pas aussitôt ?

Les pensées liées à notre intérêt personnel sont-elles source de bonheur, ou bien de complications et de problèmes ?

Cet ego qui serait permanent et indépendant, où se loge-t-il exactement ?

Si nous abandonnons toutes ces références au moi autonome et séparé, cessons-nous pour autant d'exister ? Comment nous sentons-nous ?

Parvenu à ce point, je tiens à clarifier un malentendu possible : nous parlons dans tout ce chapitre de l'*idée fausse du moi*, qui n'a rien à voir avec notre être véritable. Le bouddhisme ne nie pas l'être lui-même ; au contraire, il propose un chemin visant à le dévoiler dans toute sa plénitude. En revanche, nous vivons coupés de notre être véritable mais très attachés à l'idée fausse d'un moi, cette véritable obsession mentale qui est une illusion et qui, ironiquement, est la cause racine de tous nos malheurs.

En réfléchissant régulièrement à ces thèmes, nous pourrons progressivement relâcher un peu le sérieux avec lequel nous nous considérons habituellement nous-mêmes, mettre un peu d'humour et d'espace dans notre relation à cet ego qui est source d'insécurité, de stress et d'échec, tout en nous faisant croire qu'il nous soutient… Qu'il est *nous* ! Comme un partenaire nous disant sans cesse qu'il nous aime et nous conduisant pourtant toujours au malheur.

Sartre disait : « L'enfer, c'est les autres. » Mais pourquoi ? Parce que si je dis « les autres », je conçois implicitement l'idée d'un moi séparé et indépendant, et l'autre devient fondamentalement étranger, il m'irrite à la façon dont le corps humain rejette un élément extérieur qui lui est greffé. Ainsi je dirais plutôt, pour aller à la racine du problème : l'enfer, c'est la fixation sur la fausse idée du moi.

Prenons un exemple très concret. Quand je suis bien disposé, tout le monde me semble aimable et à cet instant je ne pense pas en termes de moi et autrui ; je vis, simplement et harmonieusement. Quand je suis de mauvaise humeur, chaque situation, chaque personne me semble cet autre si étranger, si irritant, qui s'oppose à moi, qui envahit mon espace… La fixation sur l'idée fausse d'un moi devient la source de toutes les complications et frustrations. Cette polarité moi/l'autre est la base du mal-être, qui se décline ensuite dans toutes les réactions négatives de notre vie.

Examinez les phrases suivantes :

- « Je suis chez moi et je fais ce que je veux… »
- « J'ai quarante ans et j'ai peur de vieillir… »
- « Je suis mal-aimé, je suis abandonné… »
- « Je me fais toujours avoir… »
- « J'ai raison ! »

- « Je ne supporte pas cela… »
- « J'ai une sale tête aujourd'hui ! »
- « Je suis bien meilleur que lui… »

Ou toute autre pensée génératrice d'insatisfaction (chacun peut composer sa propre version). Vous constaterez dans chacune de ces phrases le rôle crucial joué par le « je », ce petit pronom de deux lettres d'apparence pourtant fort inoffensive. Pour preuve, si vous ôtez la crispation sur l'importance du « je » dans chacune de ces phrases, elles perdent immédiatement beaucoup de leur charge douloureuse ou perturbatrice !

L'attachement au « je », formulé dans la pensée de celui qui énonce la proposition, intensifie l'émotion négative et la souffrance. Les recherches menées par le Dr Larry Scherwitz et son équipe à l'université de Californie à San Francisco ont montré que ceux qui utilisent très fréquemment les mots « je », « moi » et « mien » dans la conversation courante encourent un risque accru de crise cardiaque. Trois siècles auparavant, Pierre Corneille avait bien identifié le phénomène. Lors de la célèbre scène III du premier acte du *Cid*, après un dialogue tendu où les protagonistes se défient mutuellement, c'est l'exacerbation du « moi » et du « vous » dans de très courtes répliques qui enflamme la situation et pousse immédiatement le Comte à commettre l'irréparable, se condamnant ainsi à une mort prochaine : « DON DIÈGUE : Qui n'a pu l'obtenir ne le méritait pas. LE COMTE : Ne le méritait pas ! *Moi* ? DON DIÈGUE : *Vous*. LE COMTE : Ton impudence, téméraire vieillard, aura sa récompense. (Il lui donne un soufflet.) »

Dans les pays bouddhistes d'Asie comme le Népal, le Vietnam, la Thaïlande, on rencontre parfois des villageois très pauvres au sourire lumineux ; leur civilisation, contrairement à la nôtre, comprend l'homme comme partie d'un tout – de la communauté, de la nature, de l'univers… et cette culture est à cet égard plus propice à l'émergence du contentement et du sentiment d'harmonie. La nôtre en revanche, basée sur le culte de l'individualisme, a tendance à favoriser l'insatisfaction sous de multiples formes, quel que soit notre niveau de prospérité matérielle.

Lecteur, je vous propose maintenant de sortir un instant des sentiers battus : cette fixation sur l'importance du moi, pourquoi ne pas la dessaisir un tant soit peu ? Ne pas la croire quand elle nous parle à l'oreille, se dire qu'elle peut être mauvaise conseillère ? La remplacer de temps à autre par la vision plus vaste de l'interdépendance du tout, dont nous ne sommes qu'un atome ? En un mot, pourquoi ne pas faire preuve de plus de légèreté et d'humour quand il s'agit de ce fameux moi ? Lorsqu'on pense à le faire dans des situations concrètes de la vie courante, on en retire un sentiment de liberté inattendu.

Il existe dans le bouddhisme une analyse bien plus approfondie et systématique qui vise à réaliser complètement la fausseté de l'idée d'un moi indépendant et permanent dans l'ensemble de notre expérience. Cependant, le chemin que nous venons de parcourir permet déjà de faire un grand pas dans le relâchement de ce que les Tibétains appellent *dak dzin* : la saisie de la fausse idée d'un moi. Étape clé de la sagesse et de la libération, c'est aussi ce qui différencie le chemin spirituel de certaines techniques de psychothérapie pouvant amener un mieux-être, assainir l'ego – ce qui est déjà remarquable et peut nous aider considérablement à mieux vivre – mais sans nous libérer véritablement, car l'illusion fondamentale créée par l'idée fausse du moi n'est pas remise en question. Quant aux démarches de développement personnel modernes, elles ne se risqueraient pas à suggérer que l'idée ordinaire du moi est une illusion ! C'est là qu'elles se séparent définitivement du chemin spirituel.

Arrivé à ce point, on pourrait se dire, perplexe : « Certes… mais alors, qui sommes-nous réellement ? Si l'idée que j'ai du moi et du mien n'est qu'une image mentale, un scénario fictionnel à chaque instant recréé et entretenu par l'esprit qui pense, qui suis-je en réalité ? Déconstruire les mythes, pourfendre les illusions, j'entends bien, mais que me reste-t-il ? Le bouddhisme n'est-il finalement pas nihiliste ? »

Je rassure le lecteur tout de suite, beaucoup de mes amis bouddhistes et moi-même aimons la vie et sommes d'un naturel plutôt enthousiaste. Les maîtres bouddhistes que je connais n'ont rien du cynisme que l'on trouve chez certains tenants du nihilisme. Voyez le rire, la joie et le naturel du dalaï-lama, de Sogyal Rinpoché et de beaucoup d'autres...

Quant à savoir qui nous sommes vraiment, c'est ce que nous allons voir à présent. Le voyage continue, il reste à découvrir l'essentiel : l'être véritable toujours présent mais voilé par toutes les fausses représentations mentales que nous avons de nous-mêmes.

4.

La nature profonde de l'être

> « Profondeur, paix, grande simplicité, claire lumière non composée... »
>
> Premières paroles du Bouddha lors de son Éveil

Certains d'entre nous, au hasard d'une circonstance, ont pu faire l'expérience d'un état éphémère de bonheur profond et inattendu, d'amour, de « grâce » : les pensées ordinaires cessent, on vit l'instant comme un grand ciel bleu sans nuages... Cela a pu se produire inopinément lors d'une promenade, à l'écoute d'une musique, devant un beau paysage, en présence d'un être aimé... Le flot des pensées s'interrompt, le temps semble comme suspendu et l'esprit s'étend sans limites au-delà de son domaine habituel. Lecteur, avez-vous vécu de tels instants fugitifs ? Si c'est le cas, prenez le temps de vous les remémorer et de les formuler avec vos propres mots...

J'en ai eu quelques aperçus dans mon enfance et mon adolescence ; ils m'ont conduit à ma quête spirituelle. Plus tard, j'ai réalisé que ces instants exceptionnels étaient en fait quelques rayons brièvement entrevus de la lumière de notre vraie nature profonde, qui brille toujours derrière les nuages opaques et turbulents de l'activité mentale et émotionnelle habituelle. Là, ma rencontre avec la sagesse bouddhiste a pris son sens le plus profond. Les grandes figures spirituelles, comme le dalaï-lama, sont autant de miroirs qui nous dévoilent cette nature profonde et montrent le chemin permettant de la réaliser et de s'y établir.

Les enseignements bouddhistes présentent notre véritable nature comme *bonté fondamentale*, pureté originelle. Elle est le fond immuable d'où se déploient toutes les formes changeantes des pensées, des émotions et des perceptions, tout le cycle de l'existence. Elle est appelée parfois « nature de bouddha », mais d'autres traditions spirituelles l'évoquent sous des noms variés, et cela importe peu – une rose, autrement nommée, embaumerait de même. Notre culture occidentale véhicule, sous des formes variées, des images limitées et imparfaites de la nature humaine. Nos religions occidentales ont tenu un discours largement basé sur la notion de péché originel. Dans la société technologique moderne, la vision de l'être comme machine biologique est réductrice et le manque d'estime de soi très répandu ! Quant à

Freud, il donnait pour objectif à sa méthode thérapeutique de remplacer « la souffrance névrotique par le malheur ordinaire », objectif à vrai dire peu exaltant...

En revanche, le bouddhisme pose comme point de départ la pureté primordiale de l'être et propose un chemin visant à la découvrir, pour nous-mêmes et pour tous les êtres. Cette tâche sera longue et ardue, car il faudra nous libérer de tous les schémas psychologiques qui l'obscurcissent, à commencer par la fixation égocentrique que nous venons de traiter. Mais l'entreprise est pleine d'espoir, car la bonté immuable a toujours été nôtre ; il ne s'agit donc pas d'acquérir une chose nouvelle, mais simplement de dissiper les illusions qui la voilent et de la réaliser dans toutes les expériences de la vie.

Il est impossible d'y accéder par des mots ou des concepts car elle est au-delà de l'esprit intellectuel ; il faut la vivre et la réaliser directement. Pour comprendre la distinction entre une idée et la réalité vécue, voyez la différence entre disserter sur l'amour et vivre l'amour. On peut seulement l'aborder par métaphores, à l'image des paraboles évangéliques ; les mots sont comme un doigt qui montre la lune, non la lune elle-même. De ce point de vue la tradition bouddhiste est fort riche. L'une des images les plus suggestives données par les maîtres tibétains est celle du ciel et des nuages ; Sogyal Rinpoché écrit dans *Le Livre tibétain de la vie et de la mort* : « Quand les nuages de nos pensées et de nos émotions se dissipent par le pouvoir de la méditation, ce qui est dévoilé est notre nature illimitée, semblable au ciel ; et dans ce ciel brille notre nature de bouddha, comme le soleil. Le soleil a deux qualités, lumière et chaleur : sa lumière est la sagesse et l'intelligence ; sa chaleur, l'amour et la bienveillance. »

Notre vraie nature de sagesse et d'amour a toujours été parfaite, même recouverte et dissimulée par les nuages des pensées et des émotions. Notre dignité est donc inaliénable, de par notre nature même, qui que nous soyons. N'est-ce pas une prodigieuse leçon d'humanité ?

Maintenant, puisque le bouddhisme n'est pas basé sur la foi mais sur l'expérience directe, deux questions se présentent tout naturellement : quelle preuve avons-nous de l'existence de cette nature profonde de bonté immuable ? Pouvons-nous en faire l'expérience de façon durable et stable, de telle sorte qu'elle devienne notre réalité quotidienne ? Nous allons tenter d'y répondre.

Une première manifestation visible de notre vraie nature est le *désir d'être aimé* et la *capacité d'aimer*, qui sont universels, qui existent même chez les êtres en proie aux pires émotions destructrices. Le grand maître tibétain du XIXe siècle Patrul Rinpoché disait : « Quand on voit que même l'animal le plus féroce montre de l'amour à ses petits, cela prouve que la nature de bouddha existe en tout être. »

EXERCICE PRATIQUE

Prenons un instant pour nous poser ces questions.

• Dans les quelques mois qui viennent de s'écouler, avons-nous témoigné de la bienveillance ?

• Nous sommes-nous sentis émus à la vue du malheur d'autrui ?

• Avons-nous fait concrètement un geste, même minime, pour aider, soulager ou rendre service ?

Reprenons maintenant ces trois questions en prenant, au lieu de nous-mêmes, le cas d'une personne que nous aimons.

Puis le cas d'un individu avec lequel nous avons des difficultés.

Cette réflexion nous donne-t-elle une perception différente de nous-mêmes et de ces personnes ?

Une autre preuve de la présence de cette plénitude primordiale est le désir universel d'échapper à la souffrance et de rechercher le bonheur, même si l'ignorance nous fait concevoir ce bonheur de façon très partielle, naïve ou même complètement pervertie – il faut insister sur ce point – et si les moyens que nous employons pour le poursuivre deviennent souvent, paradoxalement, la cause même de notre malheur. Ainsi l'homme d'affaires rêve-t-il d'être millionnaire, l'amoureuse espère le prince charmant, l'explorateur a soif de découvertes, le jeune va à une fête pour vivre une expérience émotionnelle intense, celui-ci recherche la pureté sous une forme ou une autre... Tout désir cache une quête plus profonde. L'homme n'est pas une simple machine biologique fonctionnant en aveugle, il aspire plus ou moins confusément à réintégrer la bonté fondamentale de son être. Khalil Gibran dit dans *Le Prophète* : « Certains parmi vos jeunes gens recherchent le plaisir comme s'il était tout (...). Ils trouveront le plaisir, mais pas lui seul ; sept sont ses sœurs, et la moindre d'entre elles est plus belle que le plaisir. N'avez-vous point entendu parler de l'homme qui creusait la terre pour découvrir des racines, et qui trouva un trésor ? »

C'est le trésor de la plénitude primordiale caché au plus profond de nous-mêmes que nous cherchons à tâtons, souvent sans le savoir, à travers tous nos espoirs, nos rêves, nos désirs et nos entreprises. Prenons un instant pour réfléchir aux implications de ces quelques propos dans la façon dont nous considérons les différentes activités humaines...

Ainsi, le Bouddha a découvert que notre véritable nature est une conscience pure de clarté et d'amour préexistant à tout, au-delà du va-et-vient tumultueux des pensées et des émotions, au-delà du cycle de l'existence, des changements, des âges et des situations. Un aspect de cet état d'Éveil très nouveau et parfois déconcertant, tant il nous est peu habituel, est l'absence de dualité : aucune séparation ni barrière entre moi et autrui, entre moi et le reste du monde. Selon un certain discours de la religion établie dans notre culture depuis des siècles, j'existe bel et bien en tant que créature imparfaite, faible et souffrante, et il y a Dieu, parfait de toute éternité ; j'ai donc la pénible tâche de lutter jusqu'à ma mort contre le mal et le péché. Victor Hugo écrit dans *L'homme qui rit* : « L'un des plus rudes labeurs du juste est de s'extirper continuellement de l'âme une malveillance difficilement épuisable... » Je me suis toujours rebellé intérieurement contre une telle présentation, moraliste et pesante, qui risque de solidifier l'idée d'un moi coupable et souffrant face à un Dieu parfait et inaccessible en renforçant la dualité et l'opposition (le ciel et la terre, le bien et le mal, etc.). Ce n'est pas là la parole d'amour originelle du Christ, mais c'est une interprétation malheureusement courante de son message.

Selon la sagesse du bouddhisme, de ce point de vue très étrangère à notre culture, ce que nous appelons « moi » n'a pas d'existence réelle et solide ; nous avons vu plus haut qu'il est seulement un ensemble de pensées et d'habitudes mentales auxquelles nous nous identifions. Certains maîtres bouddhistes contemporains comparent nos pensées, nos émotions et nos perceptions ordinaires à un film projeté sur un écran ; or nous prenons toute l'histoire du film de notre vie très au sérieux, elle semble tout à fait réelle sur le moment… Notre nature profonde, quant à elle, est comme la lumière de l'ampoule : source de toute la projection cinématographique, elle n'est pourtant jamais impliquée dans le film ; elle est toujours pure, quel que soit le scénario projeté. Une seule chose importe vraiment : réaliser que le film est simplement une projection temporaire de lumière colorée… et reposer dans la nature de cette lumière plutôt que s'impliquer dans les passions des personnages qui s'agitent fugitivement sur l'écran. Rester dans la conscience pure, dans notre bonté fondamentale, plutôt que nous faire prendre dans les réactions et les jugements de toute sorte.

Cette métaphore a une signification spirituelle très profonde, mais illustrons-la au niveau pragmatique. Imaginons que je me trouve dans une situation difficile : problèmes familiaux, situation tendue au travail, difficultés variées… Je subis cette intensité émotionnelle de plein fouet. Si je prends du recul, si par la pratique j'arrive à lâcher prise et à retrouver un peu d'humour, d'espace et de perspective, je pourrai entrevoir la situation sous un jour nouveau : je ne suis plus *dans* le film, je regarde le film *de l'extérieur*, et comme je suis plus serein, j'ai une vision globale bien plus propice à la découverte d'une ligne de conduite optimale. Je découvre un aspect de moi-même qui reste intact : l'agitation émotionnelle n'est pas tout mon être, les vagues ne troublent que la surface de l'océan. Je commence à découvrir un espace et un repos au sein même de la situation difficile. Mon attitude intérieure se met à changer, et par conséquent les circonstances vont progressivement se présenter de façon différente.

La prochaine fois que vous serez devant la télévision ou au cinéma, tentez cette expérience : reposez dans la conscience de la lumière, plutôt que de vous investir dans la fiction, dans l'histoire... Vous verrez combien nous sommes facilement séduits par des apparences fugitives et insubstantielles, ce ballet des pensées, des émotions et des scénarios qui nous hypnotisent et nous coupent de notre nature profonde de paix et de sagesse.

Ultimement, la seule chose fiable est la bonté immuable qui est le fond de notre être, de tous les êtres.

Même si notre condition relative est difficile, l'amour et la sagesse illimités sont toujours là, prêts à être reconnus ; ils sont notre véritable nature. Ainsi le bouddhisme est-il un grand humanisme ; le Bouddha n'a jamais prétendu être un dieu, mais simplement un humain comme nous qui avait complètement purifié l'ignorance et les voiles de sa conscience, et ainsi révélé sa nature profonde. Au moment de la mort, quand tous les constituants du corps physique et de l'esprit ordinaire se désagrégeront, ce potentiel de sagesse et d'amour illimité toujours présent se révélera fugitivement dans sa totalité, nous offrant ainsi une véritable occasion de libération complète si nous nous sommes entraînés à le reconnaître et à le stabiliser pendant la vie. La mort est seulement la mort des nuages ; notre vraie nature, elle, est immuable comme le ciel.

On pourra objecter que si la vraie nature de tous les hommes est bonté fondamentale, comment expliquer que certains puissent se comporter de façon aussi cruelle et destructrice ? L'exemple du ciel et des nuages est à cet égard très éclairant : même si, au niveau absolu, la nature de la conscience est un ciel immaculé et rayonnant, elle nous reste le plus souvent cachée par les nuages épais de l'agitation mentale, des tendances habituelles destructrices, des préjugés. D'où la place capitale de l'éducation dans la société : notre tâche en tant qu'êtres humains est de dissiper ces conditionnements, travailler à éloigner la haine, l'avidité et l'ignorance, et cultiver la présence, la concorde et la bienveillance. Savoir qu'au-delà de la souffrance la nature ultime universelle est la bonté fondamentale nous donne l'espoir et le courage d'agir pour dissiper les facteurs destructeurs de toutes sortes, et nous permet de continuer à croire en l'homme en dépit des circonstances parfois terribles auxquelles on peut être confronté.

Maintenant, parlons de l'expérience directe. Comme je l'ai dit plus haut, certains d'entre nous ont vécu fugitivement, au hasard d'une circonstance, un état de sérénité profonde et naturelle, d'amour spontané, de pureté universelle, sous des formes variées. C'est un petit aperçu de cette nature, un rai de soleil qui filtre à travers les nuages. La pratique quotidienne sur le coussin de méditation m'a permis de rendre l'expérience plus stable, moins fugace ; néanmoins, il est difficile de la stabiliser complètement et elle me fait parfois défaut dans les moments de grande perturbation. L'expérience au quotidien n'est pas nécessairement « extraordinaire », elle se présente parfois comme une atmosphère, un parfum qui embaume, une présence belle et simple. Une « magie de l'ordinaire » difficile à mettre en mots, une plénitude de chaque instant. En nous entraînant à reposer dans le présent par la pratique formelle de la méditation, en gardant la pleine conscience et le lâcher-prise dans tous les moments de la vie, en apprenant à voir, à sentir, à apprécier chaque instant, chaque rencontre, nous pouvons progressivement en venir à connaître cette plénitude, à nous familiariser avec elle, à y demeurer davantage.

Ce voyage demandera probablement de nombreuses années. Il est capital de toujours rester lucide et modeste, et de ne jamais se croire arrivé ni supérieur à qui que ce soit. Il nous faudra transformer les tendances habituelles obscures enracinées dans le passé, les schémas mentaux et émotionnels. Or nous nous sommes tellement identifiés à eux que nous avons du mal à les lâcher, même si nous sentons confusément qu'ils sont la cause de notre souffrance. C'est pourquoi les grandes crises, les épreuves majeures de l'existence sont parfois la source d'une évolution spirituelle imprévue : elles brisent la coquille des fonctionnements ordinaires pour nous faire entrevoir ce qu'il y a au-delà.

Le moyen le plus sûr d'avancer vers la connaissance de notre vraie nature est de nous relier aux grands êtres qui l'ont complètement réalisée et dégagent naturellement présence et amour pour tous. Un pratiquant du bouddhisme tibétain pensera au Bouddha, au dalaï-lama ou à ses maîtres spirituels, mais toutes les traditions authentiques sont riches de tels exemples, passés ou présents. Il est essentiel de se référer à ces êtres accomplis, qui aident à discerner la présence subtile de notre bonté fondamentale perdue au milieu de la confusion tumultueuse habituelle de l'esprit et du cœur. Le simple fait de penser à eux, de les écouter ou de les regarder nous remettra sûrement en contact avec notre vraie nature. Personnellement, j'ai toujours beaucoup utilisé les photos et les enregistrements audio et vidéo des enseignements directs des maîtres spirituels ; ils continuent de m'apporter régulièrement ce cadeau inestimable : une atmosphère et une présence qui font écho et me relient à ma nature profonde, au-delà des mots. Les êtres accomplis peuvent ainsi nous guérir progressivement de cette amnésie fondamentale dont Sogyal Rinpoché parlait en tête du chapitre précédent.

Puissions-nous aller, chacun selon son chemin, à la

rencontre de notre nature profonde, trésor de sagesse, d'amour et de plénitude. Puissions-nous la reconnaître et l'apprécier chaque jour de notre vie, en nous-mêmes et en tous ceux qui nous entourent.

5.

Les êtres chers en fin de vie ou disparus

Comme je l'ai dit en introduction, ce livre n'a pas l'ambition d'être un traité sur le bouddhisme, mais un partage de l'expérience de certaines vérités, de certaines pratiques qui ont transformé ma vie et qui, me semble-t-il, peuvent aider au bonheur de chacun et du monde. Je n'avais au départ pas l'intention d'évoquer la mort, car chacun peut avoir telle ou telle conviction concernant la pérennité de la conscience, et je ne tenais guère à m'engager dans des questionnements théoriques sur ce sujet. Cependant, quelles que soient nos croyances, la mort fait partie de notre vie, et nous sommes tous confrontés un jour ou l'autre à la disparition douloureuse d'êtres chers, ainsi qu'à la perspective de notre propre mort. Une compréhension véritable et complète de ce qui se passe à l'approche de la mort et après la mort, ainsi que les pratiques traditionnelles bouddhistes effectuées dans ces situations et l'accompagnement des personnes en fin de vie dépassent complètement le cadre de cet ouvrage[1]. Je me contenterai de donner ici quelques éclairages concrets et surtout d'indiquer comment nous pouvons appliquer les pratiques vues précédemment aux êtres chers mourants ou disparus.

La mort des proches prend le plus souvent dans notre culture un caractère douloureux et tragique parce que nous identifions les êtres chers à leur apparence relative et toujours changeante : la présence physique, les traits, la voix, les émotions, le comportement... Nous nous identifions également le plus souvent à notre corps, nos pensées ou nos sentiments. Ces conceptions limitées prennent racine en nous sous forme d'habitudes et d'attachements. Ainsi, au cours de la vie, quand nous changeons ou lorsque nos proches se transforment, physiquement ou affectivement, nous nous sentons souvent fragilisés et désorientés. Tous ces aspects matériels et affectifs ne cessent de se modifier et finalement disparaîtront, d'où la peur et le désarroi liés à la mort. Mort que la vision réductrice de l'humain véhiculée par notre culture nous condamne à considérer comme la tragédie ultime.

Nous avons évoqué plus haut la nature profonde

---

1. La référence idéale dans ce domaine est *Le Livre tibétain de la vie et de la mort* de Sogyal Rinpoché, auquel je renvoie le lecteur désireux d'approfondir le sujet. On trouvera également d'autres ressources en fin d'ouvrage.

de l'être, comparée dans la tradition bouddhiste au ciel qui n'est jamais affecté par les nuages et les tempêtes : une bonté primordiale au-delà de la naissance et de la mort. Par contre, tout ce qui compose notre expérience sensible et intelligible ordinaire – notre corps et le ballet tourbillonnant des pensées, des émotions, des affects et des perceptions – est bel et bien sujet au changement et à la dissolution. Or, habituellement, nous identifions les êtres à ces éléments impermanents, alors que leur nature profonde est comme le ciel, immuable. Pour moi, ce n'est pas un simple acte de foi, car au chevet de personnes gravement malades ou près de mourir, j'ai pu entrevoir distinctement dans leur regard cette lumière de l'être qui transcende leur détresse physique et reste intacte dans les derniers moments. Dans les pages bouleversantes des *Misérables* qui décrivent la mort de Jean Valjean, Victor Hugo écrit : « La lumière du monde inconnu était déjà visible dans sa prunelle. » Ces rencontres ont été des jalons importants de ma vie. Au chevet d'une personne mourante, j'essaie de ne pas regarder ce qui meurt, de ne pas m'attarder sur le déroulement d'une vie qui touche à sa fin, je tente de diriger mon attention vers la lumière de la bonté fondamentale, toujours brillante, jamais impliquée dans le film de l'existence ordinaire. Je considère la personne comme jouissant de l'intégrité complète de sa nature d'amour et de sagesse, et confrontée à une nouvelle phase inconnue de son devenir. Même si la peine n'est pas effacée, elle est éclairée par une perspective et une compréhension nouvelles.

Néanmoins, cela est bien difficile face au désespoir qui nous assaille au chevet des proches en fin de vie, face aux émotions et à la détresse qui accompagnent souvent ces moments. Ici les pratiques de l'amour bienveillant et de *tonglen*, donner et recevoir, peuvent considérablement nous aider. Nous pouvons transformer nos émotions douloureuses et celles de nos proches grâce à elles ; elles nous permettent de ne pas rester impuissants, d'accompagner la personne mourante et son entourage dans les instants difficiles, et je vous suggère ici de revenir aux chapitres où ces pratiques sont décrites en détail.

Quant aux êtres chers disparus, nous avons parfois le sentiment de l'irréparable, d'un lien coupé à jamais, d'un regret irrémédiable à la pensée de ce qui n'a pas été dit, échangé ou pardonné avant la mort. Mais cela n'est que l'illusion produite par une perspective limitée : nous sommes tous interdépendants, et le lien très fort que nous avons établi avec eux pendant la vie perdure au-delà de la mort. Grâce à ce lien, toutes les pratiques que nous allons effectuer ou dédier à l'intention de la personne décédée lui seront utiles. Nous pouvons pratiquer l'amour bienveillant par exemple en visualisant la personne à côté de nous et en répétant à son intention la phrase : « Puisses-tu être heureux, puisses-tu être bien, puisses-tu être en sécurité. » Cela lui sera bénéfique et contribuera à transformer notre peine ou nos regrets. De la même façon, nous pouvons pratiquer *tonglen* en prenant sa souffrance à chaque inspiration, et en lui donnant par l'expiration l'amour, le bien-être et le pardon. Si nous éprouvons ressentiment ou amertume, au lieu de nous sentir coupables, nous pouvons pratiquer l'amour bienveillant ou *tonglen* sur nous-mêmes pour guérir ces affects. Ainsi, il est possible de transformer ce qui peut rester de douloureux ou de trouble dans notre relation passée, et de rester en lien spirituel au-delà des apparences éphémères de nos perceptions liées à cette vie et à ce corps.

D'une façon générale, toute notre évolution, tout notre chemin personnel ont un effet sur les êtres reliés à nous, qu'ils soient vivants ou décédés. Cela comprend les gens que nous avons connus autrefois, puis perdus de vue ; les pratiques peuvent contribuer à guérir la relation, si elle a été difficile, sans que nous ayons nécessairement besoin de chercher à les revoir. Il est réconfortant de réaliser que nos pensées, nos paroles et nos actes de paix et d'amour affectent tous ces êtres, présents ou absents, directement ou indirectement. Le sentiment d'être seul, abandonné ou isolé est toujours lié à cette fixation égocentrique dont nous avons parlé, et qui est en réalité pure illusion ; encore une fois, nous sommes tous reliés.

Lorsqu'on pratique pour des personnes chères mourantes ou décédées, il est souhaitable à la fin d'élargir notre pratique pour inclure tous les êtres qui sont dans la même situation, et prendre conscience à cette occasion de son universalité : nous ne sommes pas victimes d'un malheur singulier, nous sommes simplement confrontés à la condition universelle de tout être vivant.

Si vous n'adhérez pas intellectuellement à cette vision de l'interdépendance, de la vie et de la mort, vous pouvez néanmoins faire ces pratiques, car elles fonctionnent indépendamment de vos croyances – de la même façon qu'une voiture vous conduit à destination quel que soit votre degré de confiance dans la technologie automobile. Vous pourrez ainsi en tirer bienfait et réconfort, ce qui est l'essentiel, car le chemin n'est pas une affaire d'opinion théorique mais un mouvement profond et authentique du cœur.

Partie IV

Guérir et transformer

1.
L'environnement

> « Si vous créez les circonstances favorables dans votre corps et votre environnement, la méditation et la réalisation s'élèveront naturellement. »
>
> Parole de la tradition tibétaine

Cette quatrième partie est consacrée à l'intégration des éléments du chemin abordés précédemment dans les différentes situations de la vie. Le bouddhisme s'est réellement implanté en Occident depuis quelques décennies seulement, et les défis sont nombreux pour réussir à utiliser ses outils de sagesse et parvenir à une transformation authentique et durable, dans la vie quotidienne, sociale, familiale et professionnelle, la gestion des émotions, les grandes épreuves, l'accompagnement des personnes en souffrance, etc. Sogyal Rinpoché est né et a été élevé au Tibet, mais il a passé sa vie d'adulte principalement en Occident, acquérant ainsi une expérience précieuse de notre psychologie et faisant œuvre de pionnier pour rendre la sagesse du bouddhisme accessible à tous. Ses nombreux conseils directs et pratiques m'ont été très précieux : ils m'ont évité de me fourvoyer dans des impasses et m'ont permis de mener une vie plus heureuse et plus utile. Je souhaite maintenant partager cette expérience avec vous, lecteur, en commençant par un point capital entre tous : la création d'un environnement favorable au chemin spirituel.

Il y a une dizaine d'années, dans une salle à Paris, un grand maître tibétain était sur le point de conclure deux jours d'enseignement sur un aspect de la méditation appelé *vipashyana* en sanscrit, mot qui signifie littéralement « vision claire ». J'avais été son interprète pendant ces deux journées. À la fin, je posai une question : les instructions sur la pratique étaient très claires, mais comment vivre en accord avec cet enseignement dans la vie quotidienne ? Il me répondit : « Il s'agit de faire tout ce qui favorise la clarté de l'esprit. » Je me suis toujours souvenu de cette instruction : c'est à nous de discerner puis d'adopter avec soin un mode de vie propice à la sérénité et à la clarté, on pourrait dire une hygiène de l'esprit. Le monde actuel est ambivalent : il est l'aboutissement de progrès considérables pour l'humanité dans bien des domaines, mais il peut nous entraîner dans une effervescence d'émotions grossières et de comportements anomiques par une surenchère d'informations, de consommation et d'activités. Si nous n'y prenons pas garde, l'environnement dans lequel nous vivons peut se révéler toxique pour l'esprit comme pour le corps, d'où la nécessité de prendre soin de nous-mêmes, physiquement et mentalement.

Autrefois, dans nos contrées comme dans les pays orientaux, la souffrance était surtout physique : un travail éreintant, la maladie, des conditions de vie difficiles étaient le lot de la grande majorité des gens. Le Tibet ne faisait pas exception à la règle, avec ses conditions climatiques extrêmes. À cette époque, passer du temps immobile, assis, était un luxe avant même de constituer une pratique spirituelle.

De nos jours dans les pays développés, la souffrance est devenue principalement psychologique : le stress, la tension nerveuse, les névroses de toute sorte apparues dans le monde moderne sont cause de désordres du système nerveux, de suicides, de dépressions et d'abus d'anxiolytiques. La guérison passe donc par une transformation de notre façon d'être ; pacifier l'esprit n'est pas un luxe mais une nécessité d'ordre vital pour tous. C'est pourquoi nous avons commencé notre voyage en soulignant à quel point il est crucial de savoir faire une pause : s'arrêter, laisser l'esprit en repos quelques instants. Mais pour que l'on puisse marquer cette pause et trouver la paix de l'esprit, notre environnement va jouer un rôle considérable.

Afin de prendre soin de notre environnement extérieur, nous devons nous donner un espace et un temps pour nous poser, pour nous remettre en contact avec nous-mêmes : un lieu décoré à notre goût – un coussin invitant à la pratique assise, des lectures et des enregistrements audio ou vidéo d'enseignements spirituels à portée de main. À chacun de le créer comme il le souhaite… Nous devons aussi nous accorder un temps pour un rendez-vous intime quotidien avec nous-mêmes, même court. Nous disposerons ainsi d'un refuge chaleureux et toujours disponible où revenir autant de fois qu'il est nécessaire. Quelle forme prendra-t-il pour vous ? Réfléchissez-y un instant…

Notre environnement intérieur, au niveau matériel, est lié à notre corps, notre posture et notre santé. Je pratique régulièrement une activité physique, j'essaie d'adopter globalement une alimentation saine. Ces équilibres naturels jouent un rôle capital pour établir une pratique quotidienne substantielle et nourrissante et la maintenir dans la vie active. En méditation, le plus important est d'être clair et vif, de ne pas sombrer dans un état morne, qui est certes calme mais à la façon d'une mare stagnante. La posture de méditation classique contribue à la paix et à la clarté de l'esprit, à condition qu'elle puisse être adoptée confortablement et sans rigidité. Les deux points essentiels de cette posture sont le dos droit et la détente, assis sur un coussin ou un siège. Cependant, si nous ne pouvons l'adopter sans tension, il est possible de pratiquer dans toute position qui nous est plus confortable, notamment en cas de douleurs physiques.

Plus important encore est notre posture mentale : notre état d'esprit, notre humeur participent de notre environnement intérieur. Notre conscience est-elle limpide ou bien chargée de lourds nuages ? Dans tous les cas, souvenons-nous de cette bonne nouvelle : l'esprit est infiniment malléable, tout comme la brume peut se dissiper en quelques instants au soleil du matin. Il s'agit de trouver l'inspiration juste : écouter une parole de sagesse, lire quelques lignes, évoquer un souvenir lumineux, se poser quelques minutes en silence... À chacun de trouver son approche personnelle pour transformer le climat de son esprit et de son cœur, plutôt que rester englué dans des états négatifs.

Au départ, un effort concerté sera nécessaire pour modifier les schémas de la vie ordinaire. Une fois de nouvelles habitudes établies, elles deviennent de plus en plus spontanées et finissent par être aussi naturelles que prendre son repas ou sa douche. On entre dans un cercle vertueux : un environnement propice conduit à plus de pratique et de présence, qui amène à plus de clarté et de discernement, nous conduisant en retour à simplifier davantage notre vie ; la roue du bonheur se met ainsi à tourner. Mon amie Cathy Blanc, qui travaille dans le domaine de l'accompagnement spirituel des personnes en souffrance, dirait que c'est « prendre soin de soi pour pouvoir prendre soin des autres ». Nous pouvons ainsi enclencher une dynamique qui est source de plénitude et de guérison pour nous-mêmes, et de bienfaits pour ceux qui nous entourent.

Lorsque j'ai rencontré Sogyal Rinpoché, il disait souvent que dans les sociétés orientales d'autrefois, l'engagement spirituel consistait à renoncer physiquement au monde, à devenir moine ou yogi, dévoué exclusivement à la pratique, mais, poursuivait-il, dans le monde contemporain, la discipline véritable consiste à *simplifier sa vie*, à renoncer aux occupations vaines et stériles, à faire un tri dans nos priorités. Il nous mettait en garde contre les séductions du conformisme social et de l'agitation futile, deux grandes sources de fatigue et de perte de temps. Pendant mes premières années sur ce chemin, beaucoup de mes relations ont changé, j'ai pratiquement cessé de participer aux réunions purement conventionnelles, à certaines rencontres fatigantes par leur fausseté ou leur stérilité. Je suis toujours actif et communicatif, mais je vis plus intensément chaque instant et chaque rencontre, j'en ressens la valeur. Dans mes engagements professionnels et mes choix de vie, dans la logistique de la vie moderne, j'ai toujours choisi autant que possible la voie de la simplification, afin d'être plus libre de mon temps, ce qui me permet davantage de disponibilité intérieure. Ce n'est pas toujours facile ni même réalisable, mais à certains moments de la vie, des choix s'offrent : je choisis la simplification, je ne m'embarque pas dans des plans tortueux ou des contraintes inutiles, même au nom d'un hypothétique avantage à venir, de l'obéissance aux conventions sociales ou du souci du regard d'autrui.

Pour simplifier sa vie, une méthode très efficace consiste à réfléchir au caractère précieux de la vie humaine et à l'inéluctabilité de la mort, thèmes traditionnels. Cette réflexion fait de la mort un miroir dans lequel se dessine le profil du sens de la vie tout entière ; elle nous permet de voir clairement ce qui compte vraiment et de lui accorder la priorité. Ainsi, paradoxalement, la pensée de la mort nous conduit, après les ajustements nécessaires, à une vie plus riche, plus heureuse et plus altruiste, d'où l'ennui et la médiocrité sont bannies.

Prenons quelques minutes pour cette réflexion. Elle est susceptible de provoquer beaucoup d'émotions, mais ne perdons pas de vue son but, qui est de nous aider à identifier nos priorités.

EXERCICE PRATIQUE

Imaginons que les médecins viennent de nous annoncer que nous sommes atteints d'une maladie incurable, et qu'il nous reste seulement quelques mois à vivre, ou bien une ou deux années tout au plus.

Passons en revue nos activités et nos rencontres quotidiennes. Certaines prennent-elles soudain une grande importance ? Lesquelles ? À quoi allons-nous nous consacrer en priorité ?

Certaines nous paraissent-elles maintenant inutiles et sans intérêt ? Lesquelles ?

Quels changements dans notre emploi du temps allons-nous effectuer ?

Prenons le temps de noter les priorités qui nous apparaissent quant à l'emploi du temps de nos journées.

Et revenant à notre réalité actuelle, prenons conscience du caractère précieux de chaque jour, et ayons à cœur de célébrer chaque instant, chaque rencontre, comme un don particulier.

Parmi ceux qui ont frôlé la mort lors d'une grave opération ou d'un accident par exemple, certains ont vécu ce qu'on appelle en anglais une *Near death experience* ou NDE, une expérience de mort imminente. À la suite de cet événement, ils affirment n'avoir plus aucune peur de la mort mais se sentir en même temps une grande envie de vivre ; en outre, ils disent avoir réalisé que l'essentiel dans la vie est de progresser en amour et en connaissance, et ils réorganisent leur existence afin de consacrer le plus de temps possible à ces deux objectifs.

Les pratiques du chemin bouddhiste, mêmes utilisées sporadiquement, apportent toujours des bienfaits. Mais si en outre nous prenons soin de clarifier ainsi notre vie et d'aménager notre environnement extérieur et intérieur, nous pourrons parvenir à transformer durablement les habitudes les plus enracinées et aboutir à une libération véritable.

2.

Le sens de l'humour

> « L'idée que nous nous faisons de la sainteté – pieuse, mièvre et soumise – peut nous rendre aveugles à la manifestation dynamique, parfois débordante de gaieté et d'humour, de l'esprit éveillé. »
>
> Sogyal Rinpoché,
> *Le Livre tibétain de la vie et de la mort*

La tradition zen raconte l'histoire d'un jeune moine enthousiaste qui arrive au monastère, reçoit les instructions du maître et se met aussitôt à méditer en posture parfaite, sous l'œil quelque peu ironique des moines plus anciens. Notre ascète en herbe garde toute la journée une discipline et une concentration impeccables, quelques semaines passent… Un jour le jeune moine, tout exalté, se lève, va trouver son mentor et s'exclame : « Maître, maître, le Bouddha est apparu dans ma méditation ! » Le vieux maître se tourne lentement vers lui et lui répond avec une voix pleine de compassion : « Mon fils, retourne donc méditer, et ne t'inquiète pas trop, il finira bien par partir… »

Cette histoire savoureuse nous enseigne à ne pas prendre au sérieux nos expériences, nos histoires… à ne pas *nous* prendre au sérieux. Les grands êtres sont doués au plus haut point de cet humour bienfaisant qui a le don de faire fondre l'esprit de sérieux, les fixations mentales et émotionnelles, de nous faire retrouver en un éclair l'esprit ouvert, plein de possibilités et de richesses de l'enfant. L'humour est synonyme de joie et de simplicité : on garde la fraîcheur, on ne se laisse pas prendre au piège du sérieux ; on ne solidifie pas ses pensées, ses émotions, ses théories, son interprétation de la situation, au contraire on reste ouvert à la possibilité du changement, à de nouvelles perspectives, plutôt que de s'enferrer dans ses propres certitudes. Vous connaissez peut-être l'histoire de cet Américain, Norman Cousins, atteint d'une maladie réputée incurable, qui s'est guéri par le rire ; inversement, celui qui se prend trop au sérieux encourt de grands risques, mentalement et même physiquement.

Je ne parle pas ici de l'humour dénaturé très en vigueur de nos jours, de l'ironie, du cynisme qui dessèche, du bon mot incisif qui fait mal ou frappe injustement sous prétexte d'égayer – malheureusement, l'épigramme fait partie de ce qu'on appelle l'« esprit français »... Il ne s'agit pas non plus de fuir le réel par une boutade ou un jeu de mots. Sogyal Rinpoché a sa propre définition de l'humour : « C'est trouver un espace là où il n'y en a pas. » Savons-nous regagner de l'espace, même dans des situations très tendues, voire bloquées, où aucune latitude d'action ne semble possible, où l'atmosphère est étouffante ? Sommes-nous capables de ne pas nous prendre trop au sérieux, de rire de nous-mêmes et de l'importance que nous nous donnons ?

Quand je suis arrivé dans les cercles bouddhistes, il y a trente ans, l'un des responsables de l'association était un certain Laurent. Il lui arrivait fréquemment toutes sortes de problèmes matériels. Quand on l'abordait en lui demandant : « Comment vas-tu ? », il répondait toujours avec un large sourire : « Aussi mal que possible ! » Je me souviens que certaines fois cette repartie avait le don de faire du bien et d'alléger l'atmosphère.

Certains objecteront que dans certaines situations tragiques, l'humour serait totalement déplacé. Mais les infirmières et les accompagnants savent bien que les personnes en fin de vie préfèrent recevoir la visite de gens souriants et gais plutôt qu'avoir à leur chevet des têtes d'enterrement... Boris Cyrulnik considère l'humour comme un facteur de résilience car « l'humour, d'un seul trait, métamorphose une situation, transforme une pesante tragédie en légère euphorie ».

Il écrit ceci au sujet du film *La vie est belle* de Roberto Benigni, qui introduit l'humour au cœur de l'horreur nazie : « Il ne s'agit pas du tout de la dérision d'Auschwitz, mais au contraire d'une mise en scène de la fonction protectrice de l'humour (…) qui permet aux victimes de supporter l'insupportable. »

Pour ceux qui seraient tentés d'assimiler l'humour à une attitude légère et irresponsable, soulignons que le bouddhisme accorde une grande importance à la responsabilité personnelle et universelle ; prendre soin de soi-même et de son entourage, contribuer à la préservation et à l'amélioration du monde sont des valeurs fondamentales sur ce chemin. Mais pour assumer efficacement ces responsabilités, l'humour authentique est une qualité fort précieuse qui permet de garder de l'espace quand la situation semble grave, sans issue… Voyez le dalaï-lama, qui porte avec courage une très lourde charge et dont le sens de l'humour est prodigieusement développé. Derrière ce pétillement et cette légèreté d'être, l'innocence et la liberté du cœur se révèlent. Au contraire, l'esprit de sérieux, le personnage de l'adulte important et dit « responsable » peut parfois dissimuler des motivations peu avouables, enfouies dans l'inconscient… ou même parfaitement conscientes ! Il suffit de considérer les scandales concernant la conduite secrète de certains personnages censés incarner la loi et l'autorité. Il est bon de ne pas se laisser abuser par une façade de gravité ou de respectabilité, et d'examiner la personne véritable qui se cache derrière l'apparence.

La légèreté, la souplesse d'esprit et l'humour sont de bons garants de l'authenticité de l'évolution spirituelle, et une excellente protection contre les écueils du puritanisme, du fanatisme et du moralisme. Ce sont aussi des atouts majeurs dans la vie quotidienne, comme le dit souvent Sogyal Rinpoché : « Si *vous* n'êtes pas difficile, les choses sont plus faciles ! »

3.

Lentement, mais sûrement

« Chi va piano va sano et va lontano… »
Proverbe italien

Aimant la légèreté et la mobilité, j'ai une inclination spontanée pour les petites structures fluides, sans inertie. Cependant, dans le domaine de la transformation intérieure, il en va autrement. Quand j'ai commencé à prendre conscience des mécanismes et des habitudes qui gouvernaient ma vie à mon insu, je me suis aperçu avec une forte déception qu'ils étaient bien établis et dotés d'une inertie impressionnante. Pire encore, le visible n'était que la partie émergée d'un iceberg qui s'étendait profondément sous la surface du conscient ; si vous éliminez la partie émergée d'un iceberg, aussitôt une nouvelle partie apparaît… Ainsi, dans ce domaine, j'ai bien dû m'en remettre aux conseils de mes mentors bouddhistes : ne pas avoir d'attentes trop ambitieuses, faire chaque jour quelques petits pas, garder sa motivation dans la durée et ne pas s'attendre à des changements rapides spectaculaires et durables à la fois. L'évolution spirituelle est comme la croissance d'un être : il est possible de la faciliter et de l'accompagner, non de la forcer ou de la précipiter.

EXERCICE PRATIQUE

Chaque jour, donnons-nous un but modeste. Pensons à tous les aspects du chemin que nous avons déjà parcourus ensemble et fixons-nous un petit objectif de notre choix, à notre portée. Voici quelques exemples, mais chacun peut définir le sien à sa guise :

• Faisons une courte pause deux fois dans la journée.

• Vivons telle activité particulière de la journée en pleine conscience : préparation du repas, vaisselle, trajet quotidien…

• Pensons, dans telle situation difficile ou hostile, à pratiquer les phrases de l'amour bienveillant : « Puissiez-vous être heureux, puissiez-vous être bien, puissiez-vous être en sécurité… »

• Quand le téléphone sonne, pendant les deux premières sonneries respirons deux fois en pleine conscience avant de décrocher.

• Tous les matins, avant de nous lever, pratiquons pendant quelques minutes la respiration consciente.

• Lorsque nous voyons quelqu'un d'irritant, pensons que tout comme nous il désire éviter la souffrance et atteindre le bonheur.

• Une fois par jour, mettons-nous à la place d'une des personnes que nous côtoyons...

• À un certain moment de la journée, pratiquons quelques minutes l'amour bienveillant.

• Lorsque nous nous prenons à juger les autres, expirons une fois profondément et lâchons... avec un sourire !

Définissons clairement cet objectif personnel que nous allons nous donner chaque jour pendant une semaine. La semaine suivante, nous pourrons en changer. Lors d'une relecture de ce livre, alors que nous parcourrons le chemin ensemble une nouvelle fois, d'autres résolutions personnelles seront susceptibles de nous apparaître.

Chaque soir, je me réjouis d'avoir atteint mon objectif. Je ne méprise pas comme dérisoires les petits accomplissements. La croissance spirituelle est comme celle d'un grand chêne : qui pourra la mesurer chaque jour ? Mais n'est-elle pas faite à chaque instant de l'infime respiration de chaque feuille ? Je note aussi mes pensées et mes réalisations, pour me rappeler tel moment, telle pratique, tel événement qui m'aidera à continuer. Je fais en sorte de ne pas oublier l'essentiel, de ne pas être balayé par l'agitation, les préoccupations ou les émotions. J'ai un fil d'Ariane : une parole de sagesse, un petit rappel sur le bureau, l'ordinateur ou le téléphone, comme un phare dans la pénombre ou dans la tempête.

Car l'une des manifestations de l'ignorance est

une certaine forme d'amnésie : l'oubli des moments lumineux, des instants de clarté et de bonté. L'esprit ordinaire possède cette tendance invétérée à se focaliser sur le négatif et à occulter les instants d'amour ou de compréhension, les petits bonheurs de chaque jour. Une tendance très répandue en France consiste à s'adonner assidûment à cette douteuse activité : insister sur ce qui ne va pas, se plaindre et maugréer à propos de tout. Cette tournure d'esprit est relayée continuellement par les médias et pratiquée avec grande diligence comme un véritable sport national, à ceci près qu'elle n'est guère profitable à la santé ! À l'inverse, une clé de la transformation intérieure consiste à se rappeler les moments d'inspiration et de plénitude, se souvenir de la bonté de certains êtres, de la beauté du monde. Pensons à cette parole du Bouddha :

Nous sommes ce que nous pensons,
Tout ce que nous sommes s'élève de nos pensées,
Avec nos pensées nous créons le monde.

En effet, comme nous le savons d'expérience, si nous partons d'un esprit positif, nous serons plus à même d'engendrer l'harmonie et le bonheur pour nous, notre entourage et notre milieu social, tandis qu'une seule personne négative peut mettre en péril la synergie de toute une équipe et faire échouer un projet. Alors, lorsque je suis confronté à de grands défis, à la peur ou à la souffrance, je lis ou j'écoute des paroles de sagesse et j'y trouve un conseil personnel qui me paraît applicable. Je le garde dans mon cœur, je tente de l'utiliser, même si c'est difficile, même si je commence par rencontrer l'échec...

Surtout, je continue. Chaque jour, je fais un petit pas, peut-être gauche et maladroit tout d'abord. Cesse-t-on de respirer un seul instant ? Les cellules de notre corps de se nourrir ? La forêt de régénérer l'atmosphère ? Je continue, modestement mais régulièrement. Si j'oublie, je reprends sans me décourager. Les habitudes s'enracinent dans toute une vie de pratique régulière, elles sont comme un paquebot qui change très lentement de cap lorsqu'on tourne la barre. Ici, la sagesse est avant tout la patience. Quand j'ai découvert le bouddhisme, j'ai cru que je me transformais complètement en quelques mois, que j'avais découvert des vérités exaltantes qui changeaient tout. C'était vrai et faux : vrai car ces perspectives nouvelles avaient opéré une petite révolution dans ma vie, et rien ne serait jamais plus comme auparavant ; faux car avant qu'elles ne deviennent ma réalité quotidienne et s'incorporent à la trame même de mon existence, de nombreuses années ont été nécessaires pour faire mûrir lentement ces fruits savoureux entrevus à l'orée du chemin, et traverser la sécheresse, les orages, les différents climats.

Parmi les petites résolutions qui font toute la différence, il en est une qui sous-tend toute notre évolution : concéder un temps, chaque jour, à une pratique formelle assise de pleine conscience. Trois minutes, cinq minutes, quinze minutes, une heure, une matinée... Avant que la maisonnée ne s'éveille, pendant un moment de solitude... Il n'y a pas d'heure idéale, ou plutôt toute heure sera idéale. Il s'agit de se donner un moment d'immobilité, de lâcher-prise complet, un instant à soi, pour se laisser être sans parasitage extérieur, tout comme un couple qui s'aime aura à cœur de préserver régulièrement du temps pour se retrouver, même si chacun mène une vie affairée.

Lecteur, nous voici maintenant, comme chaque jour, à la croisée des chemins de notre destinée, que nous allons infléchir insensiblement, quotidiennement, par nos pensées, nos paroles, nos actions de chaque instant. Cette évolution qui nous semblera peut-être au début dérisoire comparée au chaos, aux défis et aux obstacles du quotidien deviendra au cours des mois et des années notre bien le plus précieux : notre vie lentement façonnée par notre attitude intérieure.

4.

Les temps d'aridité

> « Bienheureux ceux qui persévèrent dans la paix, car par toi, Très-Haut, ils seront couronnés. »
>
> Prière de saint François

Il arrive parfois, dans une course de haute montagne, qu'il faille traverser des zones arides, des champs de pierres instables, des terrains pénibles, qu'il faille rebrousser chemin devant une paroi infranchissable et faire un grand détour, que l'on s'égare, que l'on tourne en rond dans le brouillard, parfois à quelques centaines de mètres du refuge. J'ai rencontré, en montagne comme sur le chemin de la vie, nombre de telles situations.

Un jour, une semaine, un mois, on passe la journée le corps pesant, l'esprit embrumé, déprimé. On a beau essayer de pratiquer, lire, se secouer, tout semble terne et ennuyeux. Les journées se déroulent machinalement et sans plaisir. C'est la traversée du désert, l'expérience de l'aridité ; c'est la lassitude du marcheur, la fatigue du parent, la tristesse du médecin ou de l'enseignant qui n'y croit plus, le découragement quand on réalise la dureté du monde, la difficulté de vivre chaque jour ; ou bien, tout simplement, la fatigue du quotidien, la lassitude qui rend morose…

Or ces expériences font aussi partie du chemin : il est parfois semé de cailloux et d'épines. Quand j'ai voulu éviter la lassitude en montagne en prenant un téléphérique pour arriver plus vite au sommet, j'ai perdu la saveur de l'ascension, je suis devenu un simple touriste. Certes, en visite dans un pays lointain, certains n'aiment que les lieux touristiques, faciles d'accès. Mais est-on un père seulement pour le temps des jeux ? Le véritable amour dure-t-il seulement le temps de la lune de miel ? Ne mange-t-on que des desserts ? Le visage du Bédouin est patiné des mois passés dans les étendues arides.

Alors comment traverser le désert ? Comment ne pas perdre courage ?

D'abord, en étant patient, avec soi-même surtout. Abandonnons toute attente de changements rapides, et voyons à long terme ; le chemin a son propre rythme, sa propre dynamique, comme un flot qui nous mène et se plaira le moment venu à nous soulever, nous faire franchir l'obstacle et nous conduire plus loin. Ne nous agitons pas comme le touriste contemporain, suivons le pas égal de l'homme de la montagne ou du désert.

Ensuite, en se souvenant de sa motivation initiale, de son état d'esprit à l'instant où l'on a décidé de commencer ce chemin. La pleine conscience, les pensées de générosité et de bienveillance, toutes les pratiques que nous avons abordées dans ce livre n'ont d'effet véritable que si elles sont vécues dans la durée, à travers des circonstances variées, et pas seulement dans les moments d'inspiration. Il m'est souvent arrivé de voir certains pratiquants du bouddhisme confrontés à des situations difficiles, voire désespérées ; en persévérant dans la bienveillance, de façon parfois inattendue la vie a fini par leur montrer une issue. L'essentiel est de continuer à croire en soi, en l'homme, en la vie. Notre destin se façonne insensiblement dans l'invisible, chaque jour, par nos actions, nos paroles et nos pensées. La trame de notre destinée est secrètement tissée par nos aspirations profondes.

Dans les premières années de découverte, je ne cessais de m'évaluer : me rapprochais-je de l'Éveil, progressais-je en méditation, en compassion ? Il me semblait parfois, pendant quelque temps, que la vie était devenue un jardin de fleurs, que l'enseignement du Bouddha apportait un bonheur immédiat à qui se donnait la peine de le pratiquer un tant soit peu. Quelques mois plus tard, je me retrouvais désabusé, avec l'impression d'être retombé aussi bas que j'étais parti, en proie aux mêmes habitudes, aux mêmes problèmes, aux mêmes lourdeurs, aux mêmes limitations. Je continuais néanmoins : tant que l'on vit, il faut bien marcher... Il m'est arrivé de traverser de longues périodes ternes, de pratiquer sans enthousiasme. Plus tard, après bien des rebuffades et des découragements, j'ai compris que ces périodes d'aridité me faisaient connaître l'épaisseur, la substance, la densité du chemin. Après la lune de miel, la longue traversée des étendues domestiques... et au loin, après des années, on voit poindre la lune de diamant. C'est ce qui arrive aux couples heureux, c'est vrai aussi sur le chemin : c'est en traversant la rugosité du réel que l'on acquiert la maturité.

Lecteur, je vous souhaite de tout cœur de continuer, de traverser, de persévérer sur le chemin. Même si c'est difficile, même si vous êtes las ou désabusé, continuez à marcher. L'oasis vous attend à la fin du désert.

5.

Soutenir un proche dans l'épreuve

Il y a une dizaine d'années, lors du premier grand forum interdisciplinaire « Bouddhisme et médecine » de Montpellier, le doyen de la faculté de médecine ouvrit la séance en ces termes : « Lorsque j'enseignais à de jeunes internes nouvellement arrivés à l'hôpital, je donnais une consultation à un malade sous leurs yeux et leur demandais ensuite ce qu'ils avaient remarqué de plus important dans cette visite. Les étudiants rivalisaient de détails techniques... je les laissais dire, pour conclure ainsi : "Aucun d'entre vous n'a remarqué le plus important dans mon intervention : en entrant, j'ai souhaité le bonjour au patient, je l'ai appelé par son nom, je lui ai demandé comment il se sentait, et je l'ai salué de nouveau à mon départ." »

Nous rencontrons tous autour de nous des proches, des amis qui vont mal. Ils sont parfois en crise aiguë, bouleversés ou désespérés, parfois chroniquement dépressifs ou souffrants... sans compter les malades et ceux qui s'approchent de la mort. Dans ma jeunesse je me sentais mal à l'aise et désarmé devant certaines situations de détresse que je n'avais jamais vécues moi-même. Il me semblait qu'il fallait faire quelque chose : aider, lancer une bouée, proposer une formule, résoudre le problème enfin ! Quant aux moments où j'aurais eu besoin d'aide moi-même, je ne savais vers qui me tourner, pour une raison toute simple : mon malaise aurait déclenché une inquiétude, un malaise plus grand encore chez mon interlocuteur. J'avais l'impression, pour m'acquitter d'une dette de cent euros, d'en contracter une autre de mille ! Ainsi, je me suis habitué à chercher à m'en sortir seul...

C'est l'une des raisons qui m'ont fait me tourner vers le bouddhisme : je voulais comprendre la nature de la souffrance et, au-delà du symptôme, toucher à la cause véritable. J'y ai trouvé à la fois des explications claires et un chemin concret de transformation. Cependant il me manquait un maillon capital : puisque la sagesse bouddhiste n'est pas un dogme ou une croyance mais une expérience vécue, comment la communiquer ? Comment être avec la personne souffrante ? De quoi celle-ci a-t-elle vraiment besoin pour vivre son chemin de guérison ou être accompagnée jusqu'au bout ?

Lecteur, réfléchissons-y maintenant ensemble.

EXERCICE PRATIQUE

Installons-nous confortablement, munis d'un carnet et un crayon. Imaginons qu'il nous arrive soudain quelque chose de bouleversant, que nous venions d'apprendre une mauvaise nouvelle. Prenons un exemple concret. Voyons comment nous nous sentons.

Puis un ami proche vient nous rendre visite. Comment aimerions-nous qu'il soit ?

Qu'aimerions-nous qu'il nous dise ?

Quelles attitudes nous seraient les plus utiles ?

Quels comportements détesterions-nous ?

Prenons un instant pour noter ces points.

Une constatation s'impose d'elle-même : l'important, avant ce que la personne va dire ou faire, réside dans sa façon d'être, ce qu'elle dégage… sa présence. Si je suis dans la détresse, je vais naturellement vers telle personne et non vers telle autre. Je recherche sa compagnie pour elle-même, pas nécessairement pour ce qu'elle me dira ou pour les solutions qu'elle est susceptible de me proposer. Ainsi, pour accompagner l'autre, il importe avant tout d'apprendre à être réconcilié avec soi-même, en paix et en disponibilité intérieure. C'est pourquoi ce chapitre est l'un des derniers du chemin que nous avons parcouru, constituant une préparation à la présence authentique à soi-même et à l'autre.

Quand on souffre, on voudrait simplement ne pas être seul, on souhaite à ses côtés une personne qui puisse comprendre, si elle le peut, mais surtout *écouter*, en laissant de l'espace... On aimerait sentir que son esprit n'est pas parasité à chaque seconde par ses propres pensées, ses propres théories qu'elle brûle de nous exposer, comme un expert plein de certitudes. On espère rencontrer un cœur ouvert, en empathie avec nous, qui n'ait pas de projet ou de stratégie à notre égard.

Pouvoir raconter, pouvoir tout dire... et sentir que l'autre ne juge pas. Il n'a pas besoin d'être professionnel de la psychologie ou de la communication – il arrive parfois que les cordonniers ne soient pas les mieux chaussés... On attend une attitude qui vienne du cœur : une personne qui n'éprouve pas de dégoût, de réprobation ou de peur à notre égard. Surtout, on ne veut pas être perçu comme « anormal ». Une amie, Catherine, qui n'est pas bouddhiste, possède cette qualité au plus haut point : je me sens libre de lui dévoiler le fond de mes pensées, je sens que chez elle l'esprit de jugement est absent, qu'elle n'a pas peur de l'autre. Cela fait d'elle une amie précieuse. Elle a cette qualité d'accueil – et sans doute seraitelle bien étonnée de l'entendre formuler ainsi, tant ce don lui est naturel. Elle est d'une nature vive et pleine d'humour, tout en ayant un très grand sens de la responsabilité et de l'éthique. Toute sa personne respire le bien-être.

Accueillir inconditionnellement, ce n'est pas nécessairement acquiescer, c'est simplement écouter. C'est l'absence du commentateur, du juge en soi qui analyse sans cesse tout ce qui arrive, qui approuve ou réprouve, qui cherche à se sécuriser en fournissant constamment des explications intellectuelles.

Car s'il y a bien une attitude dont on ne veut surtout pas, que l'on craint comme la peste dans les temps d'épreuve et de vulnérabilité, c'est celle des donneurs de leçons, ceux qui savent tout, qui nous ont déjà analysés et catégorisés dans leur système, tous ces « experts » qui croient détenir la vérité et qui ne comprennent rien en réalité.

La tentation doctrinaire est d'autant plus forte qu'elle vient d'une bonne intention : on croit détenir la solution, pourquoi ne pas la donner pour gagner du temps ? Mais l'esprit humain n'est pas une machine, contrairement à ce que professent certaines écoles de neurologie. L'accompagnement est avant tout une rencontre, un contact profond : il s'agit de se rendre disponible, d'apaiser le parasitage constant de l'esprit par les pensées confuses, et par cette attitude d'encourager l'émergence des ressources naturelles de l'autre. Notre nature profonde est sagesse et compassion, aussi tout être possède en lui le potentiel de guérison complet. Il suffit de le laisser s'exprimer, sans rien faire de particulier, simplement en se plaçant dans une confiance tranquille et patiente en l'autre, en ses ressources, en son humanité.

Je souhaiterais que nous tous, que nous soyons médecins, infirmières, entrepreneurs, enseignants, parents, collègues, laissions filtrer dans toutes nos relations un filet de cette eau bienfaisante : respecter, être, écouter, ne pas juger, ne pas plaquer notre projet sur l'autre. Cette qualité d'être donnerait à nos compétences professionnelles et à nos relations une texture différente : moins mécanique et rigide, plus humaine et flexible… comme une étoffe qui enveloppe, non comme une armure qui enserre.

Le monde moderne regorge littéralement de savoirs et d'expertises dans tous les domaines, mais dans le même temps le conflit, la détresse, la solitude connaissent un grand essor. Pourquoi ? Parce que l'humain n'est pas valorisé. Seul celui qui accomplit des prouesses techniques, scientifiques ou commerciales est admiré. Les enseignants et les médecins par exemple sont sélectionnés avant tout sur leurs capacités intellectuelles abstraites, sans que leurs qualités d'empathie et d'intelligence émotionnelle soient prises en compte.

Ces qualités humaines fondamentales, pourquoi sont-elles finalement assez peu fréquentes ? Pourquoi ceux qui sont accompagnés par les adultes, par les soignants – les enfants, les élèves, les malades, les personnes âgées – rencontrent-ils assez peu d'accompagnants qui osent dévoiler leur humanité ? La réponse est dans ce mot, précisément : « *oser* »... Oser implique d'avoir une confiance tranquille qui permet d'être ouvert tout en restant stable, de lâcher prise tout en demeurant serein, sans avoir rien à prouver. Dans les situations difficiles, il est réconfortant de réaliser qu'être, simplement, dans le sens le plus accompli du mot, est le plus beau cadeau que l'on puisse faire à une personne en détresse ou en souffrance.

Mais pour faire face à la réalité quotidienne des écoles, des hôpitaux et des associations, seule une personne qui sait prendre soin d'elle-même, se ressourcer et s'aimer sainement sera à même de manifester ces qualités pour le bien d'autrui. Loin de toute idée sacrificielle, il s'agit ici de « prendre soin de soi-même pour prendre soin des autres », si l'on désire éviter l'épuisement, le découragement ou l'amertume. C'est pourquoi le chemin spirituel est crucial pour l'avènement d'un monde altruiste.

6.

Les voies de la résilience

> « Pour recevoir une aide directe, il nous suffit de demander. »
>
> Sogyal Rinpoché,
> *Le Livre tibétain de la vie et de la mort*

Comment nous engager sur les voies de la résilience, apprendre et grandir, plutôt que laisser les épreuves nous enfermer, nous amoindrir ou nous décourager ?

Dans ma jeunesse, autour de moi, les confrontations et les crises étaient souvent vécues comme purement négatives, à éviter à tout prix. On leur préférait le non-dit, le compromis consenti à contrecœur, ou bien les stratégies diplomatiques savantes, les pieux mensonges. J'ai assisté à des crises majeures entre les adultes qui m'entouraient, elles m'apparaissaient comme des entailles faites sur un corps qui cicatrise mal et garde les marques. Elles ne débouchaient sur rien, tout en étant douloureuses. Dans ce cas en effet, à quoi bon aller au fond des choses, chercher à ouvrir son cœur ? Pourquoi ne pas simplement dire aux gens ce qu'ils avaient envie d'entendre et éviter tout choc frontal ? À l'époque, je n'en réalisais pas le prix à payer : les contentieux enfouis, les affaires non réglées qui s'accumulent dans le subconscient, l'amour qui va se vicier dans cet air renfermé… Sans compter les maladies cachées et les névroses qui risquent de se développer jour après jour. Éviter à tout prix d'affronter la vérité en maintenant une situation fausse pendant une longue période de temps n'est certes pas satisfaisant. Mais je doutais de l'existence d'une alternative.

Quant à la souffrance, la vieillesse et l'approche de la mort, elles étaient traitées comme autant de tragédies à chasser absolument de l'esprit tant qu'elles ne se manifestaient pas. Ma mère répétait parfois cette phrase de Chateaubriand, citée par Simone de Beauvoir : « La vieillesse est un naufrage… » Il est vrai que dans les années soixante-dix et quatre-vingt, on vivait encore dans l'euphorie des considérables progrès techniques de l'après-guerre. L'homme venait d'aller sur la Lune, on jouissait d'un confort croissant, tout allait être résolu par la science. Henri Laborit venait de mettre au point le premier neuroleptique, le bonheur devenait affaire de biochimie ; on découvrait les antirides et la chirurgie esthétique ; un souffrant était un anormal qui mettait tout le monde mal à l'aise, qu'il fallait réparer au plus vite. C'est tout juste si nous n'allions pas devenir immortels, prolonger indéfiniment les fonctions corporelles comme on maintiendrait une mécanique en état de marche perpétuel. L'époque était à l'optimisme, loin du climat de morosité et de crise actuel.

Lorsque j'ai rencontré à vingt-deux ans les milieux chrétiens non violents, en revanche, on y parlait beaucoup de « recherche de vérité ». Il s'agissait de tout regarder en face, d'affronter ses peurs et ses penchants, de communiquer, de reconnaître ses torts, de demander le pardon si l'on avait blessé quelqu'un. Cette démarche de vérité pensait-on, même si elle était difficile, déboucherait sur plus d'humanité, de conscience et de respect mutuel. La vulnérabilité était vue comme une voie de croissance de l'être. J'ai connu là plusieurs personnes d'horizons très divers, mais qui partageaient une caractéristique : celle d'être des rescapés de tragédies de la vie – cancers réputés incurables, maltraitances majeures – qui en étaient ressortis non seulement en résilience complète, mais avec un tonus, un appétit de vivre et une faculté de communication accrus. Comme si la grande épreuve avait brisé une coquille, les ouvrant à une renaissance et leur donnant une prodigieuse envie de vivre ! Or, selon les enseignements du bouddhisme tibétain, l'approche de la mort elle-même peut être l'aube de la plus grande métamorphose de l'être, la mort du cocon et l'envol du papillon.

Qu'est-ce que cela voulait dire ? La souffrance pouvait-elle avoir un sens ? Toutes ces questions se bousculaient dans mon jeune esprit. Une chose semblait claire : on pouvait vivre des épreuves majeures – matérielles, psychologiques ou physiques – et en sortir grandi ; on pouvait se mettre en état de vulnérabilité et en émerger plus fort et plus stable. Quel espoir ! Le bonheur n'était pas réservé aux chanceux du destin, les chanceux n'étaient peut-être même pas ceux que l'on croyait ; le dicton populaire cynique « Mieux vaut être riche et bien portant que pauvre et malade » n'était que du mauvais esprit. En effet, avec ce regard nouveau, je commençais à voir des gens que la traversée de maladies graves, de séparations ou de deuils avait rendus plus neufs et plus lumineux. Mais pas tous, loin de là.

EXERCICE PRATIQUE

Avant d'aller plus loin, songeons quelques minutes à une grande crise, une grande difficulté que nous avons dû affronter dans le passé. Voyons sur quoi elle a débouché pour nous.

Ce qu'elle nous a appris.

Comment nous avons évolué.

Pensons maintenant à un membre de notre entourage qui a traversé une grande épreuve. En est-il sorti transformé ? Comment ?

Quel message retirons-nous de cette réflexion ?

Lorsqu'on a demandé au dalaï-lama quel était l'art du bonheur, il a répondu : « Les circonstances extérieures peuvent certes contribuer au bonheur et au bien-être, mais ultimement, bonheur et souffrance dépendent de l'esprit, de notre perception. » Les recherches contemporaines sur la résilience font écho à cette perspective : elles suggèrent que les expériences subjectives d'une même situation caractérisée comme traumatisante peuvent être très différentes, voire diamétralement opposées, selon les sujets ; elle montrent également que l'être humain a en lui une capacité innée de résilience, qui va se manifester ou non selon la culture, les rencontres, l'environnement dans lequel il se trouve.

Tout cela nous conduit à cette perspective éminemment encourageante : dans toute situation, aussi tragique soit-elle, l'espoir ne doit jamais s'éteindre. Reste qu'on peut s'interroger : en cas de souffrance, en temps de crise, quand tout s'effondre, comment transformer l'épreuve ? Comment rebondir, ne pas rester bloqué ? Si on ressent seulement la peur et le désespoir, que faire ? Pour tenter de répondre, je vais commencer par relater quelques histoires de transformation vécues par des amis et dont j'ai été le témoin direct.

Alain est un physicien brillant, chef d'entreprise et père de deux enfants à Montréal. Sa femme le quitte ; peu après, il essuie un échec professionnel majeur. Il porte en lui comme une tristesse et une mélancolie qui teintent son caractère bon et doux. Quelque temps plus tard, on lui découvre un cancer foudroyant de la vessie extrêmement douloureux. Selon les médecins, il lui reste quelques mois à vivre tout au plus. Il commence une chimiothérapie très agressive, il se retrouve pendant plusieurs mois totalement épuisé, hypersensible, aux frontières de la vie et de la mort. Il voit en un éclair de lucidité qu'il s'est fabriqué lui-même, jour après jour, cette tumeur de sept centimètres dans la vessie : elle est la concrétisation de sa honte et de sa haine de soi, qu'il porte depuis toujours. Il est au comble de la faiblesse et de la vulnérabilité, mais entre les périodes de détresse et de souffrance physique, il connaît des moments ineffables de bonheur, à la vue des feuilles de l'arbre qui frémissent doucement au vent par la fenêtre, en tenant la main d'un ami. Son esprit et son cœur sont à vif, il n'a jamais vécu pareille détresse ni pareille clarté. Il demande de l'aide comme un enfant, il s'engage à fond dans de puissantes pratiques bouddhistes de guérison. Trois mois plus tard, de ses nombreuses métastases il ne reste nulle trace. Il est devenu un homme nouveau, il s'engage quelques années plus tard dans une belle relation amoureuse, il devient une source de bienfaits pour tous ceux qui l'approchent. Ses qualités humaines et son assurance sont toutes naturelles et pleines de modestie.

Pascale, mère de deux adolescents, suit le chemin bouddhiste depuis une trentaine d'années. Son mari la quitte ; en proie à de violentes crises d'angoisse nocturnes, elle sent qu'elle pourrait sombrer. Elle tente alors d'appliquer les enseignements bouddhistes sur les émotions : quand la vague d'anxiété monte, elle s'assoit sur son lit en posture de méditation, elle l'accueille, elle la laisse être, sans s'engager mentalement et sans paniquer... Elle reste attentive à ce qu'elle ressent, sans enclencher de commentaire ou de jugement, sans rien solidifier. En quelques minutes, la grande vague passe, et elle découvre dans le calme qui suit un espace et une félicité jusque-là inconnus... jusqu'à la prochaine vague. Après quelques semaines de navigation périlleuse sur la mer houleuse des émotions violentes, elle réalise qu'elle a changé. Elle n'est plus comme avant, flottant sur l'étang calme et stagnant d'une vie inscrite dans le faux, quand elle se taisait et faisait comme si tout allait bien, tout en sentant le malaise latent. La situation l'a obligée à affronter la vérité de la situation et ses tendances profondes. Au milieu de sa vie, elle devient plus vive, plus jeune, plus lumineuse, plus vraie. Elle se découvre un grand appétit de vivre, une capacité toute neuve à comprendre et à accompagner les autres. Elle n'a pas de ressentiment pour son ex-mari, seulement de la gratitude pour tout ce qu'elle a traversé et qui l'a fait ainsi évoluer.

Quel est le message des histoires d'Alain et de Pascale ? Pour moi, c'est avant tout la foi en l'homme. Pas seulement en ses points forts, mais aussi en ses faiblesses, en ses errements, en la fertilité des grandes remises en cause. Que nous montrent-elles ? Nous sommes parfois enfermés dans des schémas d'échec, dans des limitations solides et structurées, dans une réalité insatisfaisante dont on ne sait comment sortir. Nous sommes englués dans des situations fausses, dans la peur de changer… Quand tout s'effondre, même si c'est difficile et douloureux, les histoires d'Alain et de Pascale montrent qu'existe la possibilité d'une nouvelle vie, d'une renaissance. *Les plus grandes blessures, les plus grands désespoirs peuvent devenir la source d'une force vitale prodigieuse.*

Voici maintenant quelques lignes directrices, quelques points de repère pour maintenir le cap dans l'océan tumultueux des situations de crise, où l'on retrouvera les éléments du chemin et les pratiques parcourus jusqu'ici. Mon propos n'est pas de proposer des recettes, mais d'ouvrir des perspectives nouvelles qui nous sont le plus souvent voilées dans les temps difficiles, et de mentionner quelques réactions instinctives néfastes à éviter. Ces réflexions seront probablement bénéfiques, mais naturellement les situations sont toutes différentes, parfois fort complexes, et il est très malaisé de tenir un discours général ; dans bien des cas, un accompagnement approprié est nécessaire pour traverser les épreuves.

• Avant tout, réaliser que la souffrance est une expérience vécue à la première personne. Naturellement, elle peut être déclenchée par une situation extérieure, mais la souffrance *n'est pas* cette situation ; c'est en nous-mêmes qu'elle se produit, c'est nous qui la percevons. Il est facile de le voir en considérant, face à une épreuve donnée, l'infinie variété des réactions possibles, selon le vécu, la culture et le caractère de celui qui la traverse. Si nous acceptons de le reconnaître, plutôt que de blâmer les circonstances extérieures, ce qui n'a pas de fin, nous devenons par là même ouverts à la possibilité d'une transformation grâce à un changement d'attitude intérieure. Pour reprendre une métaphore traditionnelle, devant un territoire parsemé d'épines, il paraît dérisoire de tenter d'enlever tous les piquants, mais plus astucieux de mettre des sandales de cuir pour se protéger. Ainsi, la première étape est d'accepter de reconnaître son état d'esprit tel qu'il est, puis d'avoir cette pensée éminemment encourageante : « Même si les situations sont hors de mon contrôle, je peux commencer dès maintenant à prendre soin de moi, à transformer mon attitude et par là même à semer la graine d'un changement. »

• Ne pas agir, ne pas prendre de décisions importantes sous l'empire des émotions violentes. Être conscient que les émotions intenses déforment considérablement la perception, et ne pas se précipiter, ne pas agir impulsivement. Il est difficile d'être patient dans de tels états, on est pris d'une envie de conclure l'aventure, de résoudre le problème immédiatement, que cela cesse au plus vite, à tout prix ! C'est pourquoi ce point est capital.

• Si l'on ne voit aucune issue, si la situation semble désespérée, ne pas croire les apparences. Voyez les histoires d'Alain et de Pascale : même dans le chaos, surtout dans le chaos, tout peut se transformer, s'inverser. Dès lors, ne pas solidifier le jugement défaitiste que l'on est tenté de porter sur telle situation ou telle personne… y compris soi-même. Nous avons parlé de lâcher prise et de ne pas juger les autres : même si c'est difficile, même si l'on a tendance à condamner, même si l'on est en colère, s'abstenir de concrétiser ces impulsions par des actes agressifs ou désespérés, et rester ouvert à la possibilité d'un retournement de situation. Nous sommes en proie aux émotions instables, donc tout est possible, y compris le meilleur.

• Savoir que d'une situation indésirable, d'autres possibles vont émerger dont nous n'avons aucune idée. Toute mort est suivie d'une renaissance, comme les arbres couverts de neige portent en eux la promesse des bourgeons du printemps. L'exemple du dalaï-lama est à ce titre édifiant. Il n'a pas de haine envers les Chinois qui ont annexé son pays et tente toujours de voir les aspects positifs. La Chine communiste, en voulant éradiquer le bouddhisme pendant la révolution culturelle des années soixante-dix, lui a donné un essor mondial inattendu que nul n'aurait pu prévoir ni provoquer volontairement, même s'il est au prix d'une terrible tragédie subie par tout un peuple. Le message de paix et d'espoir du dalaï-lama est maintenant connu du monde entier.

• Prendre soin de soi. La crise n'est pas tout, il y a des moments que je puis apprécier, des amis que j'ai plaisir à voir. Je peux faire la pratique de l'amour bienveillant sur moi-même. Je suis plus vaste que mes émotions du moment : le ciel n'est pas affecté par les tempêtes ! Même en plein chaos, je suis digne de mon amour et de mon attention, je peux me témoigner de la bonté. Il y a une partie de moi qui est toujours prête à apprécier la vie et à donner et recevoir de l'amour, si je lui en laisse la possibilité.

• Dans le cas d'un sérieux conflit, toujours viser une solution sans perdant, car sinon le cercle vicieux n'est pas rompu et le problème ressurgira, peut-être sous une autre forme. L'interdépendance nous enseigne que nous sommes tous reliés, dès lors réaliser son propre bonheur aux dépens d'autrui est tout simplement impossible, de par la nature même de la vie. C'est une loi naturelle plutôt qu'un précepte moral imposé de l'extérieur, c'est pourquoi elle est incontournable. On tend à l'oublier complètement dans les moments de crise, mais notre bonheur et notre souffrance sont intimement liés à ceux de l'autre. Par conséquent, souhaitons le bonheur de tous, même si on ne voit pas du tout sur le moment comment atteindre ce but. Ne nous abandonnons pas à la haine, à la vengeance, à la malveillance. La pratique de l'amour bienveillant est ici d'une grande aide. Rappelez-vous l'histoire traditionnelle des moines dans la forêt hantée... nous y sommes ! Et cette pratique est la seule protection dont nous ayons besoin.

• Toujours se rappeler qu'il n'y a aucun avenir dans la haine ou le ressentiment.

• Adopter, comme Pascale, l'attitude méditative face aux émotions. Lorsqu'une vague d'angoisse ou d'émotion forte survient, en prendre conscience, dire OUI, accueillir, la laisser être sans s'impliquer dans le discours, dans l'histoire, dans les pensées ; faire l'expérience directe de l'émotion, sans commentaire mental. Cette attitude demande une certaine stabilité de l'esprit qui peut s'acquérir progressivement par une pratique régulière de la méditation. Une clé du travail sur les émotions du point de vue bouddhiste consiste à accueillir tous les états émotionnels sans enclencher le discours qui les analyse ou les justifie, à demeurer simplement dans la présence nue et l'acceptation pure de l'émotion.

• Demander de l'aide, ne pas s'entêter à rester isolé. Parfois, la fierté ou l'entêtement nous pousse à ne pas communiquer et à demeurer bloqués dans notre analyse personnelle de la situation ; parfois on n'ose pas avouer sa détresse ou ses erreurs, tant il peut être difficile de reconnaître qu'on est désemparé. On a peur de gêner ou d'être différent, on a l'impression que tout le monde autour de nous est

« normal » et qu'on est la brebis galeuse du troupeau. Attention : surtout dans les moments difficiles, il est indispensable de s'ouvrir à une perspective plus vaste que nos propres pensées, nos ruminations, qui restent souvent très limitées et partiales. L'aide peut venir de partout ! Ce peut être un ami avisé qui voit clairement la situation parce qu'il n'est pas impliqué (éviter toutefois les personnes de caractère vindicatif ou négatif qui seraient susceptibles d'encourager nos tendances néfastes au nom d'une sympathie peu éclairée). L'aide peut aussi se manifester sous la forme d'un livre, d'un enseignement, d'une parole de sagesse.

• Prier peut être également un grand soutien, la prière a constitué l'une des clés de la guérison pour Alain. Dans le bouddhisme, la présence suprême de sagesse, d'amour et de guérison n'est pas extérieure à nous, elle ne dépend donc pas de nos croyances religieuses ou de nos convictions philosophiques : elle est notre véritable nature. Cependant, dans les moments de désespoir, il est très utile de l'invoquer dans une de ses manifestations extérieures, une grande figure qui pour nous incarne ces qualités. Ce peut être le Bouddha ou un grand maître spirituel, le Christ ou un saint pour un chrétien, ou tout simplement la force de guérison et l'amour sous forme de lumière ; dans le très beau conte de Flaubert *Un cœur simple*, un simple perroquet joue ce rôle pour la servante Félicité qui le voit comme l'Esprit saint lui-même. Dès qu'on y pense, cette présence est là pour nous, puisqu'elle est notre vraie nature. C'est une prière sans dualité qui nous permet de retrouver la confiance profonde en notre bonté fondamentale, plutôt que d'errer dans le tumulte de la peur, des attentes angoissées ou du désespoir. On a très souvent tendance à oublier que l'on peut être soutenu et à se croire isolé face à l'adversité, or en temps de crise, il est fondamental de demander, de rechercher de l'aide.

Voilà donc quelques points cruciaux à garder en son cœur quand tout s'effondre, quand l'on perd pied. Mais la patience est nécessaire : tout cela demande familiarisation et pratique avant de faire partie de soi.

Ma compagne et moi partageons le même toit depuis vingt ans. Ces deux décennies ont été belles et riches à bien des égards ; avec le recul, nous mettons clairement la réussite de notre couple au crédit du chemin bouddhiste que nous suivons ensemble. Nous nous sommes aperçus que le plus beau cadeau du chemin est la croissance progressive, sur le long terme, de la confiance en notre nature profonde grâce aux enseignements et à la pratique spirituelle. Cela nous a permis de réduire les peurs de toutes sortes, et par là d'aimer plus sereinement et plus librement, sans perdre pied au premier désaccord, à la première vague émotionnelle.

Les enseignements bouddhistes nous disent que

nous sommes largement programmés par des schémas inconscients que nous ignorons, et qu'ainsi notre perception des situations est subjective et parfois déformée ; sachant cela, nous avons considéré notre relation comme un miroir, afin d'apprendre et d'évoluer… même si en pratique une telle remise en cause est parfois longue ou difficile. L'« esprit du disciple » m'a toujours paru essentiel ici : être sincèrement ouvert à la possibilité d'un changement intérieur. Nous avons traversé quelques crises qui auraient pu être fatales à la relation ; dans ces moments-là, nous n'avons pas pris de décisions précipitées. Nous avons laissé le temps nécessaire pour que les émotions fortes s'expriment et passent, pour rechercher de l'aide et utiliser les enseignements comme une boussole dans la tempête ; ainsi, le meilleur de la relation, temporairement occulté par la turbulence des émotions, a pu refaire surface. Nous avons été étonnés par le pouvoir de cicatrisation du chemin spirituel : au bout du compte, les orages ont toujours laissé place à un ciel plus lumineux et limpide. De ma propre expérience, je suis convaincu que deux personnes qui gardent l'esprit du disciple peuvent réussir leur vie de couple en utilisant les difficultés conjugales pour évoluer et grandir – ou bien, si elles se révèlent finalement incompatibles, réussir leur séparation dans le respect mutuel.

Nous avons tous en nous, dans notre nature profonde, les ressources pour faire face à toutes les situations, pour réussir à tout traverser. Selon la vue bouddhiste, toute mort est suivie d'une renaissance. Or ces moments de perte, de crise ou de grand changement sont comme des petites morts au sein même de la vie : des situations particulières amenées à disparaître. Ces moments difficiles ne sont que la mort d'une réalité limitée et relative ; vécue dans le lâcher-prise, elle peut être le chemin d'une liberté jusqu'alors inconcevable. Comme le dit Sogyal Rinpoché, « nous perdons les nuages, mais nous gagnons le ciel ». Même si des passages sont difficiles, la possibilité de transformation et de renaissance est toujours là, entre nos mains.

7.

Inspiration

> « Ô sot, au lieu de raisonner, profite de cette heure d'or ! Souris ! Comprends, tête de pierre ! Ô face d'âne, apprends le grand rire divin ! (...)
> Pour transformer le monde il n'est pas besoin pour toi de la pioche et de la hache et de la truelle et de l'épée,
> Il te suffit de le regarder seulement, de ces deux yeux de l'esprit qui voit et qui entend. »
>
> Paul Claudel, *Cinq Grandes Odes*

Lecteur, maintenant que nous avons vu le chemin quotidien tel qu'il se présente à nous dans notre réalité présente, pourquoi ne pas prendre un instant pour rêver une journée idéale ? L'imaginer maintenant... pour pouvoir la vivre un jour ?

Je sais que ma vie, mes jours, mes semaines sont mon bien le plus précieux, l'eau claire d'une fontaine qui coule entre mes doigts… J'ai vécu assez pour connaître la rareté, la fragilité de ce temps, de cette journée unique, de cette lumière que je vois comme au premier jour.

C'est le matin. Au réveil, deux aspects coexistent en moi. Le vivant… qui s'exalte de cette journée de possibles, de rencontres, d'étonnements, d'accomplissements à venir – l'enfant qui ouvre ses yeux vifs sur un monde neuf. Et le mécanique… la roue des habitudes, des préoccupations et des obligations, qui fonctionne automatiquement, qui dicte l'ordre de marche : je sens cette machine aveugle prête à prendre le contrôle de ma journée, de mon esprit. J'hésite… Et je refuse de vivre cette journée comme un condamné, de la subir. De fonctionner, d'attendre que ce soit fini. Je reconquiers ma souveraineté : aujourd'hui, je veux être au monde, à moi-même, à chaque instant, vivre enfin pleinement. Mais il y a les horaires, les transports, le travail, les contraintes, les gens… Je décide de relever le défi. Cette journée sera unique, cette journée sera belle.

Par quoi commencer ? Par prendre quelques minutes, allongé dans mon lit ou assis sur un coussin, pour être conscient : du corps, du souffle, de l'environnement… Je m'accorde ce cadeau précieux : avant de m'engager dans l'activité, je me laisse être quelques minutes dans la présence de l'instant.

Puis je saisis une phrase d'inspiration, comme un rayon du soleil matinal qui traverse ma chambre et m'apporte la subsistance quotidienne de l'âme. Avec quelle intention vais-je me lever ? Quel parfum vais-je exhaler en partant dans la cité ? Je prends soin de mes habits, de mon apparence… mais comment est mon cœur ? Je m'apprête à agir… mais qu'ai-je à donner ? Je ne pars pas nu, j'attraperais froid. J'écoute une ancienne parole des sages du passé qui a traversé les siècles pour me caresser de son souffle. Je passe la robe légère de l'amour, j'enfile les chaussures de la vigilance, je prends la bourse de la générosité. Surtout, je me pare de la confiance tranquille en ma nature profonde, en celle de tous. Je pars léger, laissant dans les vieux placards du passé les lourds bagages du ressentiment et de l'acrimonie.

En chemin, je prends conscience de mes pas, du contact avec le sol. Puisque j'ai mis les chaussures de la vigilance, ce ne sera pas difficile. Je marche, mais sans m'égarer, sans me quitter. Lâcher prise, apprécier l'instant, et le futur prendra soin de lui-même. À chaque instant suffit sa présence, je ne me charge pas du fardeau d'un avenir imaginaire.

Arrivé à destination, je salue mon entourage, remplaçant la peur et l'anxiété par l'amitié et la bienveillance. À l'instar des moines dans la forêt, je pratique l'amour bienveillant. Je prends le temps de prendre soin. De temps à autre, je m'accorde une pause, je me recentre sur le présent quelques secondes, quelques minutes. Tout peut être une invitation à la pause : un intervalle entre deux rendez-vous, un parcours à faire à pied, une attente quelconque…

J'aménage dans ma vie des espaces, mêmes courts, de ressourcement – activité physique, repos, détente… – sans me charger d'affairements superflus. Je ne cherche pas à plaire à tous par trop d'activités : la simplicité, la présence, voilà ce que j'ai à offrir. Si je reste en contact avec moi-même et garde mon intégrité, tout se passera au mieux, naturellement.

En cas de difficulté, je pense aux pratiques : l'amour bienveillant, *tonglen* sur moi-même, *tonglen* sur les autres… L'esprit est infiniment flexible, il peut changer à cet instant même ; la fatalité n'existe nulle part sauf là où j'accepte de croire en elle.

Je reste vulnérable et sais demander de l'aide, sans m'entêter devant l'échec ou l'obstacle. Je tente de communiquer avec le cœur, de laisser mon armure, de dire la parole simple et vraie. Derrière les faux-semblants, les rôles, les scénarios que je vois se déployer autour de moi, il y a des corps et des cœurs battants, qui espèrent en secret cette marque d'estime, la franchise. Je leur offre ma sincérité, car même s'ils sont pris dans les rôles et les stratégies de l'adulte important, au fond d'eux-mêmes ils rêvent obscurément d'étancher leur soif à cette source incomparable, un cœur innocent.

Autant que possible, j'écoute et m'efforce de comprendre en profondeur. Je vois le malheur qui se cache derrière l'envie, l'appel au secours qui prend la voix de la colère, la timidité qui se déguise en froideur. Je crois en l'homme, je suis patient. Compagnon et médecin, non juge, je partage, encourage et prends soin, je ne condamne pas.

Surtout, je me nourris, me désaltère. Je lis les paroles de la sagesse, écoute les grands êtres, partage avec mes compagnons de route. Je remplace le bruyant et pénible bavardage mental, ruine informe d'un passé ténébreux, par des pensées ailées, messages des grands oiseaux qui habitent le ciel de l'éternelle nouveauté.

Quand je rentre chez moi le soir, je marque une pause. Commencer par ne rien faire, quelques secondes, quelques minutes. Éteindre doucement le moteur de l'esprit toujours agité qui menace de m'épuiser par son ronflement, son bavardage incessant. Se poser… Se laisser être.

Puis je regarde mon foyer, écoute mon entourage. Ma parole, mes gestes, mon silence sont tissés de conscience et d'humanité. Mon environnement, mes proches sont les reflets mêmes de mon âme. Vrai et limpide, je suis l'enfant qui aime et qui parle, un atome vibrant de vie, d'humour et de légèreté, non un faiseur d'histoires pénible à entendre et aussi lourd à déplacer qu'un vieux meuble. Une présence, une épaule, un chant, une caresse – un complice apaisant et bienfaisant pour la maisonnée, pour les amis.

Au soir, à l'heure de prendre du repos, je revois ma journée, avec une pensée pour les êtres qui l'ont traversée, leur souhaitant le bonheur sur le chemin sans condition ni arrière-pensée. Je reste un instant dans la plénitude du non-effort, dans la paix de l'instant présent où tout est complet. Je célèbre la journée, cet infime parcours de la flèche du temps et du devenir passé dans l'unité de l'esprit et du cœur.

Épilogue

Lors d'une retraite de méditation, après quelques jours passés ensemble, un retraitant m'a demandé publiquement : « Êtes-vous éveillé ? » – au sens où le Bouddha avait atteint l'Éveil, c'est-à-dire la plus haute réalisation spirituelle. C'est une question qui revient assez régulièrement et dont la naïveté me fait sourire. Une question plutôt masculine, qui dénote souvent une mentalité d'intellectuel ou d'entrepreneur, comme si l'on demandait à un collègue : « Vous en êtes où, dans votre affaire ? Vous avez trouvé un nouveau concept ? Vous touchez au but ? » Beaucoup de femmes, quant à elles, supposant que je vis en couple, aimeraient plutôt savoir si je participe aux tâches domestiques, si j'écoute vraiment quand on me parle à table, si je suis là pour ma famille, si j'arrive à trouver mes clefs tout seul quand elles sont juste devant moi… C'est l'Éveil au quotidien, la présence dans les détails de la vie, et cela importe certainement bien plus que les théories métaphysiques. Mais de telles questions sont peu fréquentes, car elles sont plus embarrassantes à poser publiquement que la première : « Êtes-vous éveillé ? »

J'ai répondu deux choses : « Non seulement je ne suis pas éveillé mais j'ai l'impression d'avoir à peine commencé le chemin, tant il reste à découvrir et à transformer, tant les habitudes sont lentes à changer en profondeur. En même temps, je suis étonné par la transformation physique, émotionnelle, relationnelle et spirituelle que le chemin m'a apportée, et que je vois aussi avec joie chez beaucoup de mes amis qui suivent depuis longtemps le même chemin. Les deux sentiments coexistent : la gratitude d'une part, au vu des grands bienfaits durables du chemin, et une certaine mélancolie à la vue de l'immensité de la route qui reste à parcourir et de la force des habitudes les plus enracinées. Beaucoup de mes amis engagés sur le chemin depuis très longtemps partagent ce double sentiment. »

Jamyang Khyentsé Chökyi Lodrö, le maître qui avait reconnu et élevé Sogyal Rinpoché dans les années cinquante et soixante, était une des plus grandes figures spirituelles du XXe siècle au Tibet, reconnu et révéré par tous. Il avait écrit dans un « Conseil du cœur » : « Si vous tournez votre esprit vers le Dharma [l'enseignement du Bouddha], vous y trouverez le premier aperçu de l'Éveil et de la libération, vous n'aurez pas honte de vous-même au moment de la mort, et dans cette vie et les suivantes, vous irez de bonheur en bonheur. »

Cette affirmation avait piqué ma curiosité : comment ce sage tibétain pouvait-il affirmer, avec une tranquille certitude, que l'on irait ainsi de bonheur en bonheur ? Trente années plus tard, je fais le point. En ce qui concerne les « vies suivantes », le mystère reste entier ! Mais en ce qui concerne celle-ci, à l'évidence il a raison. Mes amis et moi-même qui suivons depuis longtemps le chemin bouddhiste avons traversé beaucoup de difficultés et de doutes, mais à long terme il en est toujours résulté davantage de bonheur. Nous vivons une ouverture lente et progressive au cœur du monde, un sentiment d'aise et de contact plus profond avec nous-mêmes et avec les autres. Cette confiance accrue nous permet d'être plus vulnérables et authentiques, de lâcher cette tension vers la personne parfaite que nous ne sommes pas. Il devient possible de se détendre, profondément et fondamentalement.

Je sens tout cela lentement grandir en moi, chez ceux qui m'entourent et qui suivent le même chemin, à travers les hauts et les bas, les heures lumineuses et les passages difficiles. Sur le long terme nous avons trouvé une terre ferme là où l'on peut perdre pied dans le chaos informe du monde, une base sur laquelle on peut s'appuyer dans les difficultés et qui ne fera jamais défaut, ni pendant la vie ni à l'approche de la mort. Je suis heureux de vous l'avoir fait partager, cher lecteur... Bonne route, tous mes vœux de bonheur et d'Éveil vous accompagnent.

Gratitude

Puisque ce livre traite du chemin spirituel, je tiens à témoigner tout particulièrement ma gratitude à Sogyal Rinpoché, infatigable interprète de la sagesse et de la bienveillance universelle. Sans son dévouement constant, le bouddhisme serait resté pour moi et tant d'autres un contenu purement académique, sans pertinence pour notre vie concrète. Non seulement il nous a montré le but de mille manières et donné tous les conseils utiles pour parcourir la voie qui y mène, mais il nous a aussi guidés très concrètement pour surmonter l'ignorance, les obstacles et les schémas négatifs inconscients que nous n'aurions pas pu débusquer seuls. Ces trente années où j'ai été son interprète en France, lors de conférences, de retraites et d'entretiens privés, ont été d'une richesse et d'un bienfait immenses, et je connais des milliers de personnes dans le monde qui éprouvent une gratitude similaire à son égard. Je lui rends donc avant tout cet hommage, ainsi bien sûr qu'au dalaï-lama et à la communauté des maîtres spirituels tibétains, persécutés dans leur pays et qui s'efforcent depuis leur exil il y a un demi-siècle de préserver et nous transmettre ce joyau, la sagesse vivante du bouddhisme. Parmi eux, je tiens à distinguer Dzongsar Jamyang Khyentsé Rinpoché qui m'a apporté une aide inestimable par l'intelligence et la subtilité de ses enseignements.

Je tiens à exprimer ma reconnaissance à ma compagne Nicole pour le soutien et l'inspiration qu'elle m'a apportés pendant nos vingt années de vie commune, pour son sens profond et subtil de l'humain, de la poésie et de l'esthétique. Ma gratitude va également à tous les amis spirituels que j'ai croisés depuis l'adolescence et qui m'ont accompagné d'une façon ou d'une autre sur le chemin. Mes parents, espérantistes convaincus, ont toujours adopté la cause du bonheur universel et de l'amélioration de la société : je leur suis très reconnaissant pour ce bel exemple de motivation altruiste, il a certainement contribué à mon engagement sur le chemin bouddhiste dont le but est d'établir tous les êtres dans le bonheur durable. Je remercie en particulier ceux qui m'ont encouragé et aidé lors de la rédaction de ce livre : Nicole elle-même, Patrick Gaffney, Sebastien Reggianny, Victoria Songeux et beaucoup d'autres. Finalement, je rends hommage à tous les êtres qui, chacun à leur manière, œuvrent à faire naître en eux et autour d'eux plus d'amour et de sagesse.

Aller plus loin

Comme je l'ai dit plus haut, ce petit livre n'est pas un traité, même succinct, de philosophie du bouddhisme, mais plutôt un témoignage personnel et un carnet de voyage, une inspiration sur le chemin de la vie. En l'écrivant, je me suis souvent dit que chaque chapitre pourrait faire l'objet d'un livre entier ; j'ai le sentiment d'avoir tout juste effleuré le sujet. J'aurais aussi aimé parcourir d'autres thèmes où la sagesse du bouddhisme est étonnamment pertinente : le bonheur, l'insécurité fondamentale, l'angoisse et la frustration, l'éducation, les problèmes relationnels, la guérison émotionnelle et spirituelle, la préparation à la mort, la confiance en soi... J'envisage de le faire progressivement dans le futur.

Il y a deux façons de se relier à la sagesse bouddhiste. Tout d'abord, on peut l'utiliser librement pour améliorer sa vie, celle de son entourage et l'ensemble de la société, sans pour autant devenir bouddhiste.

Elle se présente alors sous la forme de vérités simples et universelles profitables pour chacun, quels que soient sa vie et son chemin, qui n'ont rien de spécifiquement bouddhistes en ce sens qu'elles appartiennent au patrimoine commun de l'humanité. On peut aussi choisir d'adopter le bouddhisme explicitement comme chemin de vie, et s'engager à son rythme propre dans les pratiques et les entraînements qui visent à progresser vers le but lointain proposé par le Bouddha : le déploiement total de notre potentiel illimité de sagesse et d'amour, l'Éveil. Dans cette optique, les maîtres tibétains ont construit un programme d'étude et de pratique très complet adapté à l'Occident contemporain.

Dans les deux cas, si l'on souhaite mieux connaître cette voie ouverte et tracée depuis deux mille cinq cents ans, voici quelques joyaux issus directement de la lignée de sagesse pure et authentique du Bouddha. Cette qualité essentielle et fort rare à notre époque, l'authenticité, préserve la puissance libératrice de l'enseignement. Je citerai ici seulement les sources auxquelles je suis relié personnellement, sans rendre justice, faute de place, aux nombreuses personnes et associations qui font un excellent travail d'enseignement spirituel.

• Au premier chef, pour connaître la perspective bouddhiste de la vie et de la mort dans toute son étendue et sa profondeur, l'ouvrage de référence est

Le Livre tibétain de la vie et de la mort, de Sogyal Rinpoché (La Table Ronde, 1993). Traduit dans trente-quatre langues et présent dans quatre-vingts pays, véritable somme de connaissance spirituelle, il propose des réflexions approfondies sur l'impermanence et l'interdépendance, la compréhension de la nature secrète de notre l'esprit, expose de façon complète les pratiques de méditation, le développement de l'amour et de la bienveillance, en particulier la pratique de *tonglen*, explique en grand détail l'approche et le processus de la mort, et donne les conseils et les pratiques pour accompagner les mourants et préparer sa propre mort. À l'occasion du vingtième anniversaire de ce livre, une nouvelle édition a paru en octobre 2013 et un blog en anglais a été créé : The Tibetan Blog of Living and Dying (www.living-and-dying.org).

• Les nombreux livres du dalaï-lama seront d'une lecture profitable ; je conseille particulièrement l'un d'eux sur l'aspect éthique et social du bouddhisme : *Sagesse ancienne, monde moderne. Éthique pour le nouveau millénaire* (Fayard, 1999).

• Sur la méditation, la sagesse et les ponts entre bouddhisme et science moderne, je recommande les excellents ouvrages de Yongey Mingyour Rinpoché, jeune lama tibétain particulièrement brillant : *Bonheur de la méditation* (Fayard, 2007 ; Le Livre de poche, 2009) et *Bonheur de la sagesse* (Le Livre de poche, 2011).

• Sur la pleine conscience, l'amour et les pratiques qui s'y rapportent, je conseille les nombreux ouvrages de Thich Nhat Hanh, ce grand maître bouddhiste vietnamien qui a beaucoup œuvré pour la paix au Vietnam et dans le monde ; nombre d'entre eux sont publiés aux Éditions Albin Michel.

• On peut recommander également les ouvrages de Dzogchen Ponlop Rinpoché, Pema Chödron et Matthieu Ricard.

Quelques contacts maintenant, si l'on souhaite rencontrer des personnes qui suivent le même chemin et des associations qui proposent une aide précieuse pour être guidé dans la compréhension et l'expérience des pratiques.

• Mon site Internet : www.olivierraurich.com

• On trouvera le panorama de toutes les écoles et de tous les centres bouddhistes sur le site de l'Union bouddhiste de France : www.bouddhisme-france.org.

• Les centres Rigpa, fondés et dirigés par Sogyal Rinpoché, offrent un programme complet d'étude et de pratique de la méditation et du bouddhisme en général, sous forme de cours en ville et de retraites, dans une approche très bien adaptée aux situations que nous rencontrons dans le monde contemporain. Le site international www.rigpa.org contient les liens vers les centres des nombreux pays où Rigpa est présent, dont les pays francophones : Suisse, Belgique, Québec.

Pour la France : www.france.rigpa.org
Pour la Suisse romande : www.rigpa.ch
Pour la Belgique : www.rigpa-belgique.be
Pour le Québec : www.rigpacanada.org

• Les centres Rigpa offrent en particulier, sous forme de retraites ponctuelles ou de sessions régulières sur une année, un cours remarquable intitulé « Le sens véritable de la méditation » qui permet de s'initier en profondeur à la pratique et de l'intégrer dans la vie quotidienne. Il existe aussi un site internet anglophone pour s'y initier seul : www.whatmeditationreallyis.com. Il est pour l'instant en cours de traduction française. On peut y apprendre à méditer en dix séances très bien conçues.

• L'Institut de sagesse et de compassion Lérab Ling, le grand centre européen de Rigpa, est situé sur les hauteurs de l'arrière-pays montpelliérain. S'y déroulent des programmes et des retraites consacrés à la méditation, au développement de l'amour et de la compassion, à l'accompagnement des gens malades ou mourants, etc. S'y tiennent également des congrès interdisciplinaires où la sagesse millénaire du bouddhisme dialogue avec les approches occidentales, en particulier dans le domaine de la science, de la médecine et de la psychologie ; on peut consulter par exemple le site du dernier grand forum « Bouddhisme et médecine » : www.2013.buddhismandmedicine.org. On peut aussi y faire des retraites personnelles, guidées ou non, dans un environnement très propice. Tous les renseignements sont accessibles sur le site : www.lerabling.org.

• On peut trouver sur le site de Sogyal Rinpoché des informations sur ses programmes d'enseignement et des extraits vidéo de ses conférences sur les grands thèmes de l'enseignement bouddhiste : www.sogyalrinpoche.org.

• L'association Tonglen offre une formation remarquable à l'accompagnement spirituel des personnes en difficulté dans une approche laïque inspirée des enseignements bouddhistes : incarner les valeurs spirituelles universelles dans notre façon d'être et dans la relation à l'autre. Elle propose aussi des stages pour les personnes confrontées à la maladie, à l'approche de la mort et au deuil. Son enseigne Ecoé propose des formations à l'intention du personnel soignant dans les hôpitaux et les institutions médicales, ainsi qu'en entreprise. Consulter le site : www.tonglen.asso.fr.

Je conseille toutefois d'éviter la boulimie de lectures et d'errances sur Internet, pour prendre le temps de contempler, d'assimiler et de mettre en pratique chaque parole de sagesse dont on prendra connaissance ; à cette condition seulement elle apportera une véritable transformation intérieure et un bienfait réel pour soi et son entourage.

Table

III. Comprendre

IV. Guérir et transformer

Composition Nord Compo
Impression CPI Bussière en mars 2014
à Saint-Amand-Montrond (Cher)
Éditions Albin Michel
22, rue Huyghens, 75014 Paris
www.albin-michel.fr
ISBN : 978-2-226-25240-1
N° d'édition : 21067/02. – N° d'impression : 2008451.
Dépôt légal : janvier 2014.
Imprimé en France.